La vertu du conflit

Mark Hunyadi

La vertu du conflit

Pour une morale de la médiation

Humanités

LES ÉDITIONS DU CERF
PARIS
1995

(29, boulevard Latour-Maubourg
75340 Paris Cedex 07)

ISBN 2-204-05173-X
ISSN 1254-9991

Avant-Propos

L'hypothèse qui guide le présent travail [1] vise à établir que l'on peut, sans recourir à aucun élément extérieur aux pratiques humaines elles-mêmes, établir un *point de vue moral* qui soit à la fois universel et respectueux de l'infinie diffraction qui caractérise ces pratiques. La notion centrale sera ici celle de *règle,* car c'est l'emploi d'une règle qui permet de caractériser une pratique comme étant une pratique, et de la distinguer tant de la simple manifestation comportementale dépourvue de signification que de l'action intentionnelle visant une fin. Une pratique est intersubjective par nature, parce que la règle qui la gouverne ne peut pas, selon une profonde intuition de Wittgenstein, être suivie en solitaire ; elle requiert pluralité de ses utilisateurs, sans quoi on ne saurait même pas qu'il s'agit là d'une règle.

Ce dont il sera question ici, c'est de la *normativité* des règles, c'est-à-dire de cette dimension

1. Ce livre constitue une synthèse de l'intuition qui est au centre de ma thèse intitulée *La Morale de la médiation.* L'arrière-plan théorique ainsi que maints arguments systématiques qui en constituent l'armature ont été ici négligés, au profit d'un rapide exposé de la « thèse de la thèse ». Je dois à la bienveillance du directeur de la collection « Humanités », Jean-Marc Ferry, de m'autoriser à publier le présent texte.

spécifique de la règle – que Wittgenstein n'a pas du tout étudiée – qui fait non qu'elle vaut *effectivement,* mais qu'elle puisse valoir *légitimement.* En concentrant son attention sur le fait que la *signification* d'une expression symbolique était déterminée par sa *règle d'usage* (et non par une réalité mentale d'un type particulier dont elle serait la dépiction), Wittgenstein a donné une explication *pragmatique* d'un problème sémantique : c'est *l'usage* qui détermine la signification, et non la signification qui détermine l'usage. Mais le problème de la signification n'épuise pas la notion de règle : lorsqu'on *conteste* une règle, on ne conteste pas forcément sa signification ; au contraire, on la suppose connue, sans quoi on ne pourrait pas la contester. On la conteste donc dans une autre dimension, qui est celle de sa *validité.* Or, c'est le *conflit* qui sert de révélateur à cette dimension de validité ou de normativité que Wittgenstein n'a pas considérée ; c'est le conflit qui, révélant un désaccord au sujet de la règle telle qu'elle vaut factuellement (sa positivité), met en évidence sa normativité. Pour le montrer, il faut toutefois modifier le point de vue qu'adoptait Wittgenstein : partir non de la positivité de la règle comme le roc ultime sur lequel « ma bêche se recourbe [2] », mais au contraire la mettre en question, et regarder ce qui se passe lorsque le roc se brise.

2. Ludwig WITTGENSTEIN, *Philosophische Untersuchungen, Werkausgabe Band 1,* Francfort-sur-le-Main, Suhrkamp, 1984, § 217 (Dorénavant : PU.)

1.

La force éclairante du conflit

À bien des égards, les analyses menées par Pierre Bourdieu sur les *habitus* sociaux peuvent, dans leur domaine, sembler faire écho aux analyses wittgensteiniennes de la notion de règle. Appliquée aux pratiques sociales, cette affirmation tirée des *Investigations* pourrait être reprise telle quelle par l'auteur de *La Reproduction* : « Obéir à une règle, faire une communication, donner un ordre, faire une partie d'échecs, sont des habitudes (usages, institutions). » (PU, § 199.) Toutefois, comparativement à l'emploi qu'il pourrait en faire d'un point de vue systématique, Bourdieu cite relativement peu Wittgenstein. Mais il le fait tout de même, et notamment, chose intéressante, à propos de la notion de règle. Sans expliciter véritablement les citations qu'il fait des *Investigations,* il les utilise à contrer « l'intellectualisme » de l'anthropologie structurale lévi-straussienne, coupable selon lui de ne pas suffisamment distinguer deux points de vue sur la notion de règle, et plus exactement de prendre indifféremment l'un pour l'autre : la règle qu'établit l'observateur, et celle qu'utilisent les agents. Bourdieu résume ainsi : « Passer de la *régularité,* c'est-à-dire de ce qui se produit avec une certaine fréquence statistiquement mesurable et de la formule qui permet d'en rendre raison, au règlement consciemment édité et consciemment respecté ou à la régulation inconsciente d'une mystérieuse mécanique cérébrale ou sociale, telles sont les deux manières les plus communes de glisser du modèle de la réalité à la réalité du modèle [1]. »

Dès ses remarques dans le *Cahier bleu* [2], Wittgenstein s'est ingénié à démystifier le genre de « mystérieuse mécanique cérébrale » (par exemple, les « lois inconscientes de l'esprit humain », comme dit Lévi-Strauss) dont il est ici question, en reliant *de façon interne* les pratiques et les règles ; il a en effet montré que quel que soit le domaine d'action considéré, langagier ou non, ce sont les règles, *et elles seules,* qui donnent leur *sens* aux pratiques qu'elles définissent. Cette thèse est considérable, car elle ruine l'idée (platonicienne, frégéenne, aussi bien que de sens commun) selon laquelle il y aurait, *préalablement aux règles,* une signification à laquelle celles-ci se conformeraient, comme en la copiant. Les règles sont définies – et ceci est tout à fait crucial – comme des « propositions grammaticales » qui, « à la différence des pro-

1. Pierre BOURDIEU, *Le Sens pratique,* Paris, Éd. de Minuit, 1980, p. 7. (Dorénavant : SP.)

2. Ludwig WITTGENSTEIN, *Le Cahier bleu et le Cahier brun,* Gallimard, 1965. (Dorénavant : CB.)

positions descriptives, ne peuvent avoir des conditions de vérité proprement dites [3]. » Cela veut dire que *les règles ou les conventions ne peuvent être justifiées ou invalidées par la réalité, sans quoi elles ne seraient précisément plus des règles ou des conventions.* Ainsi, par exemple, les règles du jeu d'échecs ne se réfèrent à rien d'autre, pour constituer le jeu d'échecs, qu'aux fonctions que ces règles assignent aux pièces correspondantes ; il n'y a de réalité ni supérieure, ni d'aucun ordre, auxquelles ces règles se conformeraient – le jeu d'échecs s'épuise en quelque sorte dans les règles qui attribuent des fonctions et assignent des possibilités aux pièces de l'échiquier : « Je joue une partie d'échecs, et mon partenaire pose sur la tête du roi blanc une couronne de papier, sans modifier l'utilisation de la pièce mais en me disant que, dans le jeu, la couronne signifie pour lui quelque chose qui ne s'exprime pas sous la forme d'une règle. Je répondrai : “Pour autant que l'utilisation de la pièce n'est pas modifiée, je ne puis attacher à cela ce qu'on appelle une signification.“ » (CB, 144.)

3. Jacques BOUVERESSE, *La Force de la règle,* Paris, Éd. de Minuit, 1987, p. 2. La conception des règles comme n'ayant pas de valeur de vérité, sur laquelle la pragmatique de la médiation fait fond, doit énormément aux éclairantes analyses de Jacques Bouveresse exposées dans ce livre. Ma dette est plus clairement explicitée dans ma thèse, *La Morale de la médiation.*

Il est clair toutefois que ce qui intéresse Bourdieu, ce ne sont pas les mécanismes de la signification en tant que telle, mais les mécanismes des pratiques sociales. Il retient toutefois la leçon antisubstantialiste de Wittgenstein, qui déplorait que l'on se sentît autorisé à toujours passer du substantif à la substance, du « modèle de la réalité à la réalité du modèle », pour la traduire en « conditions sociales de production » : aux règles gouvernées par la finalité inconsciente de l'esprit chères à Lévi-Strauss, mais aussi à la « langue » saussurienne qui postule un ordre d'intelligibilité indépendant de la matérialité observable de la parole, ainsi qu'à tous les types apparentés d'objectivisme intellectualiste, Bourdieu substitue les « dispositions incorporées », durables, structurées et structurantes – les « habitus » transmis par une inculcation qui n'est pas sans évoquer l'*Abrichtung* (« dressage ») de Wittgenstein, par quoi l'enfant fait parfois le douloureux apprentissage de ce qui est correct et de ce qui ne l'est pas. Sans doute y a-t-il là d'ailleurs une corrélation structurelle forte (nécessaire ?) entre la négation, tant chez Wittgenstein que chez Bourdieu, de toute essence de la pensée qui se transmettrait par un processus mental occulte aux règles chargées de la traduire, et l'insistance sur la dimension *pratique* de l'apprentissage. Ce que les deux ont de bonnes raisons de refuser – l'« intellectualisme » d'une part (Bourdieu), la « mythologie du symbolisme » de l'autre (Wittgenstein) –, ils le remplacent par une théorie forte de la praxis. Ce n'est pas par hasard que Bourdieu cite en exergue de l'un de ses chapitres[4] (mais là encore, sans l'expliciter vraiment) le fameux paragraphe 217 des *Investigations,* où il est dit : « Comment puis-je suivre une règle ? Si ce n'est une question sur les causes, alors c'en est une concernant la justification pour agir ainsi d'après elle. Si j'ai épuisé toutes les raisons, alors je suis maintenant parvenu au rocher dur, et ma bêche se recourbe. J'incline à ce moment-là à dire : "C'est ainsi, tout simplement, que j'agis." »

Dans cette perspective d'une théorie de la praxis, Bourdieu a, à mon avis, mis en évidence ceci : le cas normal, le cas habituel de la régulation normative entre les hommes (par les institutions, pratiques, usages, règles, codes) se déroule sur le mode du mécanisme acquis par apprentissage, par éducation ou par tradition, sur le mode de l'obéissance à ce que sa simple factualité fait apparaître comme valide – sur le mode donc de ce que l'on impose et que l'on inculque. Bourdieu a mis l'accent sur le double arbitraire qui caractérise ce qu'il appelle (dans *La Reproduction*), en un sens large, « l'action pédagogique », à savoir l'imposition d'un système de significations, donc d'une culture dominante : l'arbitraire du pouvoir qui, d'une part, reposant sur des rapports de force, définit ses intérêts objectifs en fonction de ces

4. SP 43. Je cite dans la traduction que Bourdieu en donne.

rapports de force, impose ses significations par l'intermédiaire de ses mécanismes institutionnels ou coutumiers, et l'arbitraire des significations ou arbitraire culturel d'autre part, celui des « choix constitutifs d'une culture[5] », qui, parce qu'ils continuent de perpétuer les rapports de force qui sont au fondement du pouvoir d'imposition, reproduisent l'arbitraire de ce pouvoir. Le travail pédagogique est ainsi un travail d'inculcation qui, réussi, produit un habitus, traduction scolastique de l'*hexis* d'Aristote, explicitement assumée par Bourdieu : « L'habitus, comme le mot le dit, c'est ce que l'on a acquis, mais qui s'est incarné de façon durable dans le corps sous forme de dispositions permanentes[6] », sorte de capital pratique analogue au capital génétique permettant la perpétuation des « pratiques de l'arbitraire intériorisé[7] » et donc leur continuité historique. Pour Aristote aussi, les actes qui s'ajoutent à nos dispositions transforment celles-ci *en nature* : une fois devenu intempérant, on ne peut plus ne plus l'être, de la même manière qu'on ne peut plus rattraper une pierre qu'on a lâchée[8]. Mais on

5. Pierre BOURDIEU et Jean-Claude PASSERON, *La Reproduction,* Paris, Éd. de Minuit, 1970, p. 3. (Dorénavant : R.)

6. Pierre BOURDIEU, *Questions de sociologie,* Paris, Éd. de Minuit, 1984, p. 34. (Dorénavant : QS.)

7. R 47. « Et de fait, l'habitus est un capital, mais qui, étant incorporé, se présente sous les dehors de l'innéité ». (QS 134.)

8. ARISTOTE, *Éthique à Nicomaque,* III, 7, 1114 a 18.

pense aussi inévitablement au caractère pratique que Wittgenstein assigne à la notion de « suivre une règle ». L'habitus unifie et génère les pratiques, créant des régularités non intentionnelles (« J'obéis à la règle aveuglément », dit Wittgenstein [PU, 219]) permettant l'existence d'un « monde de sens commun » (SP, 97), le monde des significations partagées et allant de soi sur fond duquel s'harmonisent et se coordonnent nos expériences. D'où cette thèse qui nous intéresse directement : « L'homogénéisation objective des habitus de groupe ou de classe... est ce qui fait que les pratiques peuvent être objectivement accordées en dehors de tout calcul stratégique et de toute référence consciente à une norme et mutuellement ajustées *en l'absence de toute interaction directe* et, *a fortiori*, de toute concertation explicite – l'interaction elle-même devant sa forme aux structures objectives qui ont produit les dispositions des agents en interaction et qui leur assigne encore à travers elles leurs positions relatives dans l'interaction et ailleurs. » (SP, 98.)

La plupart des institutions et des normes, les pratiques qu'elles induisent, les règles qu'elles génèrent, les conduites qu'elles régissent, s'imposent sur le mode de la force normative du factuel. Quant à leur genèse, mais aussi, et c'est important, quant au *mode de validité sur lequel elles se manifestent aux acteurs,* les pratiques interhumaines s'imposent sur le mode de la facticité. Non questionnée, leur validité se fond dans leur genèse ; telles elles sont advenues, telles

elles valent. De ce point de vue, les sciences humaines, et la sociologie en particulier, ont beau jeu d'analyser – et elles le font à bon droit – les conflits d'intérêts, les jeux de forces, les luttes d'influence et l'accumulation des petites irrationalités qui finalement instaurent le réseau serré des rapports sociaux et politiques. Il faut donc éviter ici tout pathos sur la genèse intersubjective du droit et de la morale, mais aussi tout platonisme de la validité qui fait *immédiatement* du droit ou de la morale une tête de Janus (Habermas), orientés qu'ils seraient, *dès leur apparition,* d'une part vers la factualité de leur existence, d'autre part vers l'idée de leur validité défactualisée.

Il ne s'agit naturellement pas de dire que la morale ou le droit se réduisent à la manifestation de leur validité. Mais il faut prendre garde toutefois à ne pas engager la problématique de l'aspect normatif de la validité trop tôt, ni à la localiser mal. C'est là qu'intervient précisément la force heuristique du dissensus qui, allant du simple différend jusqu'à la guerre, révèle, au sens quasi photographique du terme, un aspect enfoui des médiations intersubjectives régulées par des règles. En mettant au jour des divergences de vues, d'opinions, d'interprétations, d'intérêts, d'utilités, de convictions, d'intuitions, le dissensus rompt l'évidence factuelle de ce qui vaut parce qu'il est le cas. En cela, il *active* la dimension normative inhérente aux règles, en la défactualisant. Alors, on peut voir que ce qui était aplati sur le factuel peut être reconstruit sur du normatif ; que le dissensus peut être aplani, le consensus rétabli, mais sur d'autres bases que celles qui valaient avant qu'il ne fût brisé. Le conflit, que ce soit sous une forme euphémisée ou sous une forme exacerbée, est l'une des voies d'accès royales à la normativité des règles. L'autre est celle du vide normatif qui, pour être comblé, en appelle à l'une des formes les plus élaborées de la médiation, la concertation.

J'en reviens à cette notion d'habitus qui, parce qu'elle est une disposition durable inculquée aux agents par un pouvoir arbitraire, situe le lieu où, du point de vue tant de leur genèse que de la manifestation de leur validité, les institutions, normes et règles décident des comportements des agents, donc de leurs pratiques. La caractéristique la plus générale des habitus est, selon Bourdieu, de constituer des schèmes de perception et d'appréciation, qui sont autant de dispositions durables ou structures mentales inconsciemment inculquées par un pouvoir arbitraire, c'est-à-dire dominant [9]. Les habitus génèrent des pratiques qui, en retour, confirment ou renforcent la validité de l'habitus – c'est ainsi que se trouve assurée la continuité historique de pratiques qui, parce que aveugles à leur genèse, reproduisent, sans le savoir, sans le vouloir, le principe de leur propre régularité. Parce que l'ha-

9. « Les structures mentales sont des structures sociales intériorisées » (QS 97.) Voir aussi SP 87 sq.

bitus est l'empreinte même des conditions sociales de la production de ces habitus, tout habitus est soumis à des conditions sociales de production (et de reproduction). C'est ce que Bourdieu qualifie de violence symbolique, ce qui ne laisse pas d'être problématique : car si l'habitus est effectivement à un niveau de généralité tel qu'il est « l'analogue du capital génétique [10] », alors on ne peut pas plus échapper à celui-là qu'à celui-ci, et cela n'a pas de sens de le caractériser comme violence.

La même remarque vaut pour cet habitus particulier qu'est l'habitus langagier, et elle sera en ce cas encore plus instructive quant à ce que j'appelle la force heuristique du conflit. Comme toutes les pratiques moulées dans des habitus, le langage reproduit « dans l'ordre symbolique des écarts différentiels le système des différences sociales [11] » – d'où la volonté explicite de Bourdieu d'accomplir une « sociologie structurale de la langue [12] ». Cette thèse est à la racine des virulentes critiques qu'il adresse aux théories « idéalistes » et « intellectualistes » de la langue qui, de Saussure à Austin et Habermas, cherchent *dans* la langue elle-même le principe de son efficacité symbolique. Or, « l'autorité advient au langage du dehors, comme le rappelle concrètement le *skep-*

10. R 48.

11. Pierre Bourdieu, *Ce que parler veut dire,* Paris, Fayard, 1982, p. 1. (Dorénavant : PVD.)

12. *Ibid.*

tron que l'on tend, chez Homère, à l'orateur qui va prendre la parole [13] » : l'efficacité symbolique des différents types de langage dépend de la position sociale du locuteur (et du récepteur). Peu importe ici, d'ailleurs, l'interprétation d'Austin ou de Habermas ; les niveaux d'analyse sont différents, et les incompatibilités apparentes et/ou affirmées pourraient bien receler des similitudes réelles. Ce qui m'importe en revanche, c'est de voir ce que nous apprend, en creux, l'assimilation de l'habitus langagier à n'importe quel autre habitus non langagier.

L'argument contre toutes les analyses strictement formalistes du langage, c'est-à-dire

13. PVD 105. Le reproche, à vrai dire, ne semble entièrement justifié ni pour Austin, ni pour Habermas. Pour Austin, parce que s'il est bien exact qu'il cherchait à fonder une classification des actes de langage en fonction de leur force illocutionnaire, il n'en est pas moins vrai qu'il considérait que la production d'un acte de langage s'inscrivait toujours dans un *contexte d'action* qui lui donnait son sens – c'est là, précisément, son héritage wittgensteinien. Pour Habermas ensuite, parce que s'il est bien vrai qu'il a voulu, à la différence d'Austin, trouver dans le langage un principe de coordination d'action qui ne dépende pas des institutions – et qui soit donc, en ce sens, intralinguistique –, il a néanmoins distingué la *connaissance* du contenu propositionnel de la compréhension illocutionnaire, qui, elle, dépend bien d'un *contexte normatif* qui *autorise* le locuteur à nouer une coordination langagière avec l'auditeur. C'est même son argument favori contre la sémantique formelle.

celles qui ne prennent pas en considération ses conditions sociales d'utilisation, revient à dire que la forme langagière *ne suffit pas* à rendre raison de l'efficacité communicationnelle de la communication. Le langage, comme toutes les autres pratiques sociales, n'est pas un objet autonome dont l'efficacité s'expliquerait par ses seules qualités intrinsèques, telle la force de coordination des forces illocutionnaires : « l'acceptabilité sociale ne se réduit pas à la seule grammaticalité [14] ». Elle suppose au contraire la conformation des locuteurs à un habitus légitime, structure prégnante dépendante des univers sociaux dominants.

On ne peut pas s'étonner dès lors que l'interaction langagière soit décrite dans le vocabulaire stratégique de la « domination symboli-

14. PVD 42. La théorie habermassienne ne prétend naturellement pas que tel soit le cas. Simplement, les conditions sociales d'utilisation qui donnent son sens à une coordination d'action réussie sont elles-mêmes thématisables dans le langage – ce qu'est précisément en train de faire Bourdieu en écrivant, par exemple, *Ce que parler veut dire.* Mais, encore une fois, je n'insiste pas ici sur les malentendus qui émaillent la réception bourdieusienne de Habermas, malentendus qu'on pourrait d'ailleurs analyser dans les termes – bourdieusiens – de « stratégies de fausses coupures » (expression qu'il emploie dans *L'Ontologie politique de Martin Heidegger,* Paris, Éd. de Minuit, 1988, p. 85-86.), c'est-à-dire de stratégies langagières répondant à l'impératif d'altérer la langue commune pour se donner l'illusion académique de l'autonomie et de l'originalité.

que », de la « complicité », de la « lutte », du « pouvoir », de l'« autorité », de l'« intimidation » et de la « violence » : « l'économie des échanges linguistiques » est en fait une agonie symbolique généralisée, d'autant plus sournoise qu'elle est le plus souvent indolore, parce que invisible. L'inculcation de l'habitus langagier est inconsciente, et, au niveau collectif d'une communauté linguistique, cette violence dissimulée *extorque* la reconnaissance de la légitimité d'une langue officielle – elle le fait par « *intimidation,* violence symbolique qui s'ignore comme telle (dans la mesure où elle peut n'impliquer aucun *acte d'intimidation* » (PVD, 36) ; au niveau individuel de l'interaction langagière, elle se résout en un jeu de pouvoir qui rend la communication irrémédiablement opaque : « Ce n'est que par exception –, c'est-à-dire dans les situations abstraites et artificielles de l'expérimentation – que les échanges symboliques se réduisent à des rapports de pure communication et que le contenu informatif du message épuise le contenu de la communication. Le pouvoir des paroles n'est autre chose que le *pouvoir délégué* du porte-parole, et ses paroles – c'est-à-dire, indissociablement, la matière de son discours et sa manière de parler – sont tout au plus un témoignage et un témoignage parmi d'autres de la *garantie de délégation* dont il est investi. » (PVD, 105.)

La conclusion s'impose implacablement : « Le porte-parole est un imposteur pourvu du *skeptron.* » (PVD, 107.)

Il est désormais facile de demander : « Imposteur par rapport à quoi ?, et *qui sait* qu'il est un imposteur ? » pour mettre en évidence qu'une telle affirmation présuppose ce dont elle conteste non seulement l'existence, mais encore la simple possibilité. On est là en pleine contradiction performative. Du point de vue d'une philosophie sensible aux aspects normatifs que recèlent les échanges sociaux, on peut donc déplorer la double réduction qui préside à l'analyse de l'économie des échanges linguistiques : celle des habitus à la violence symbolique d'une part, celle du langage à un habitus quelconque de l'autre [15]. La racine de cette double réduction réside dans une *assimilation de l'essence à la genèse* : la logique de l'acquisition est hypostasiée en essence de ce qui est acquis. Ce n'est qu'à ce prix que Bourdieu peut défendre la thèse de l'ubiquité et de la permanence des conflits. Parce que le langage, comme tous les habitus, est *acquis* sur le mode de l'inculcation, le langage est défini *comme* inculcation, intimidation, violence, lutte, rapport de forces, etc. – forme

15. « On ne peut parler d'habitus linguistique, par exemple, qu'à condition de ne pas oublier qu'il n'est qu'une dimension de l'habitus comme système de schèmes générateurs de pratiques et de schèmes de perception des pratiques, et de se garder d'autonomiser la production de paroles par rapport à la production de choix esthétiques, ou de gestes, ou de toute autre pratique possible. » (QS 135.)

renouvelée d'essentialisme, où l'essence n'est plus une entité platonicienne stable, mais l'agonie. Pour preuve de cet essentialisme à rebours, cette formulation qui semble décalquer, dans une parodie involontaire, l'une des propositions les plus célèbres de Habermas, l'emblème même de son « idéalisme » : « L'hétérogénéité sociale est inhérente à la langue [16] », est-il dit en introduction de *Ce que parler veut dire.* Ainsi, parce que le langage est tributaire, dans son efficacité symbolique, de ses conditions sociales de production, il est ontologiquement réduit à celles-ci, selon une logique récurrente chez Bourdieu et dont témoigne la fréquence, sous sa plume, de ce qu'il a élevé à la dignité d'un véritable habitus linguistique, la locution « n'est... que ». Le droit rationalisé « n'est jamais qu'un acte de magie sociale qui réussit [17] », mais aussi, comme on vient de le voir, « le pouvoir des paroles n'est autre chose que le *pouvoir délégué* du porte-parole », etc. [18].

---

16. PVD 9. Habermas défend la formule : « L'intercompréhension est le télos inhérent au langage. »

17. PVD 20. Autre exemple : « Le droit ne fait que consacrer symboliquement, par un enregistrement qui éternise et universalise, l'état du rapport de forces entre les groupes et les classes que produit et garantit pratiquement le fonctionnement de ces mécanismes. » (SP 229.) Les citations abondent.

18. L'une des confirmations par lesquelles Bourdieu entend appuyer cette réduction est la double analogie entre la crise de l'Église / la crise de la liturgie, et la crise de

Porté à la hauteur d'une théorie générale des échanges symboliques, et donc traduit dans la thèse de l'ubiquité et de la permanence des conflits, cet aplatissement de l'essence et de la normativité sur la genèse et la facticité a des conséquences autoréfutatives qui mettent en question le statut du discours de Bourdieu lui-même – lorsque, par exemple, il écrit *La Reproduction, Le Sens pratique* ou *La Distinction.* Car s'il n'y a vraiment *que* les rapports de force qui définissent la légitimité des actes de langage et donc l'acceptabilité sociale, on se demande bien quel est le sens de ces entreprises, si ce n'est d'affirmer, de confirmer ou d'asseoir le pouvoir du directeur d'une célèbre revue et d'un professeur d'une École prestigieuse ayant réussi à s'imposer sur le marché de la sociologie académique. Avec Apel et Habermas, on peut demander s'il n'y a pas déjà, par le simple fait de prendre la

l'institution scolaire / la crise linguistique, où le deuxième terme ne serait à chaque fois que la « simple manifestation » du premier (QS 101-102 ; PVD 103-119). Mais prendre la liturgie religieuse pour l'emblème du langage en général fausse d'entrée de jeu le débat, car la liturgie est précisément un cas où l'on met *sciemment* entre parenthèses la fonction véritative ou validante du langage au profit de sa seule fonction rituelle. Dans ce cas, mais dans ce cas seulement, il n'y a effectivement pas besoin de comprendre pour admettre. Il ne viendrait raisonnablement à l'idée de personne de contester au milieu d'une messe que ceci est « l'agneau qui enlève le péché du monde ». Mais ceci exprime la nature de la liturgie, non du langage.

parole, une prétention à la vérité qui, même démentie, doit *ipso facto* être présupposée. Sans quoi, on ne voit pourquoi l'auteur prendrait la peine, non seulement d'*exposer* ses vues – ce qui pourrait à la rigueur être cohérent –, mais encore de *réfuter* celles d'autrui – par exemple, celles d'Austin ou de Habermas –, ce qui ne l'est plus.

Mais, plus que cet argument de la contradiction performative qui, d'une certaine façon, tombe sous le sens, m'intéresse avant tout ce que nous apprend, *ex negativo,* l'hypostase de la genèse en essence. Ce que l'assimilation de l'une à l'autre interdit de faire comprendre, c'est précisément *la force heuristique du conflit* : le fait que le conflit révèle une divergence de perception, d'intérêts, etc., et que par-delà ce surgissement brut, il en appelle à sa résolution. Le conflit est doublement heuristique, en ce qu'il révèle, d'abord, la divergence de vues, puis que cette divergence peut être aplanie. La première dimension est instructive pour le psychologue ou le sociologue, en ce que le conflit met au jour des tensions latentes qui ont, sans doute, intérêt (ne serait-ce que d'un point de vue thérapeutique) à s'exprimer. Il en résulte une certaine revalorisation du conflit, utile dans son interprétation pratique. Comme l'écrit le sociologue Dominique Wolton : « Dans l'ordre sociologique, le changement le plus important serait de réduire la dévalorisation qui entoure la notion de "conflit social". On y voit toujours la trace d'un échec, alors qu'il est un moyen de visualiser le heurt de plusieurs représentations [19]. » Dans la deuxième dimension, le conflit a ceci d'heuristique que son surgissement révèle son autre, vers lequel son existence même fait signe. Elle intéresse surtout le philosophe, qui y décèle une voie royale pour révéler la force normative inhérente – même si, comme on ne le répétera jamais assez, elle est le plus souvent enfouie – aux relations interhumaines. Elle révèle la violence comme l'autre de la médiation.

J'ai déjà évoqué la difficulté qu'il y avait à parler de la violence au niveau de généralité où se situent les habitus ; la difficulté s'accroît encore avec la production des habitus langagiers qui, aussi préfabriqués qu'ils soient par les conditions sociales de leur genèse, n'en laissent pas moins place à la *critiquabilité*. Un énoncé, tout énoncé, est critiquable, et cette critiquabilité ne se laisse pas réduire sans reste à l'affrontement agonique de forces contraires. L'acceptabilité ne se laisse pas réduire aux conditions d'acceptation. L'expérience la plus quotidienne atteste que dans le fait de critiquer, contester, réfuter, se joue quelque chose qui est également constitutif du langage, et qui dépasse la simple facticité des rapports de force.

Aussi, plutôt que de prendre l'exemple ritualisé à l'extrême qu'est celui de la liturgie

19. Dominique WOLTON, *La Dernière Utopie,* Paris, Flammarion, 1993, p. 22.

religieuse [20], qui présuppose ce qu'il voudrait démontrer, Bourdieu aurait mieux fait de prendre celui de la conversation du café du commerce où, dans une sorte de démocratie bistrotière, s'échangent à l'envi des prétentions à la validité concurrentes, même frustes. Mais des institutions autrement rigides peuvent également en témoigner : lors d'une situation aussi ritualisée et théâtralisée qu'une soutenance de doctorat, à supposer que le candidat cède, non devant la force de l'argument meilleur, mais devant la mise en scène d'une asymétrie qui l'intimide, le public sait bien, lui, qu'il y a eu violation de quelque chose qui n'aurait pas dû être violé. S'il y a eu, pour reprendre le terme de Bourdieu, imposture, et si les acteurs s'y sont prêtés par complicité rituelle, les spectateurs, eux, ne sont pas dupes : ils peuvent dénoncer l'imposture comme imposture – exactement de la même manière que Bourdieu, spectateur éclairé, peut dénoncer l'imposture de ceux dont la parole ne vaut que parce qu'ils sont pourvus du *skeptron*. Là réside la force heuristique du conflit : en mettant à nu des prétentions bafouées, il révèle ces prétentions comme prétentions et, parce qu'elles sont bafouées, appelle à leur reconnaissance qui en tant que telle échappe au caractère strictement disciplinaire du langage. La satisfaction effective de telle ou telle prétention est certainement tributaire, entre autres, de la situation de pouvoir ;

20. Voir n. 18.

mais la reconnaissance en tant que telle, celle à laquelle en appelle tout conflit, ne l'est pas. À ne pas distinguer ces deux niveaux, celui de la facticité et celui de la normativité, on perd ce que le conflit a d'heuristique, et l'on est obligé de l'hypostasier en essence de l'échange symbolique, alors qu'il n'est que l'un de ses modes de manifestation.

Cette assimilation précipitée, et les problèmes auxquels elle accule, ne doit pas faire perdre de vue deux thèses centrales de Bourdieu sur lesquelles le paradigme de la médiation peut prendre appui pour déployer sa force normative spécifique. La première, et celle-ci peut être rapprochée de la conception wittgensteinienne de l'apprentissage, concerne la genèse de la reproduction symbolique, dont le caractère doublement arbitraire implique qu'elle se fasse sur le mode de l'inculcation et du dressage ; cette thèse implique aussi que le mode sur lequel se manifeste aux acteurs eux-mêmes la validité des pratiques reproduites soit celui de la facticité. La deuxième a trait à l'extension de la notion d'habitus : loin de la limiter à la seule communication langagière, Bourdieu la conçoit d'emblée comme se manifestant dans tous les domaines de l'interaction, du geste le plus insignifiant au discours le plus articulé. La clef de ce décloisonnement est précisément la notion d'habitus, qui englobe toutes les dispositions permanentes, en tant qu'elles sont acquises et donc objet d'une inculcation. C'est même parce que, du point de vue de leur genèse, tous les habitus sont l'objet d'un travail d'imposition que Bourdieu peut les situer à la même hauteur, n'accordant aucun privilège à l'un quelconque d'entre eux. L'erreur n'est pas, répétons-le, cette égalisation des habitus, mais l'hypostase de ce qui gouverne leur genèse en principe de ce qui constitue leur essence.

Cette égalisation est toutefois porteuse d'une grande leçon. Elle révèle que les pratiques, en tant qu'elles sont générées par des habitus acquis, renvoient *ipso facto* à la notion de *règle. Imposer un habitus chargé ensuite de générer ou d'unifier des pratiques qui devront lui être conformes, c'est imposer un ensemble de règles qui permettent de mesurer cette conformité.* Inculquées, ces règles s'imposent sur le mode de la facticité ; elles se manifestent donc *prima facie* aux acteurs comme positivité, dont le conflit sera à même – c'est là sa force productrice – de briser l'évidence. Ainsi Bourdieu parle-t-il des « injonctions » tacites qui imposent à l'enfant « ce qu'il a à être » , décrivant par là même la normativité qui adhère à l'inculcation ; et d'expliciter entre parenthèses : « C'est ce *code secret* qui se trouve explicitement dénoncé, à l'occasion des crises caractéristiques de l'unité domestique, crises de l'adolescence ou crises du couple : la disproportion apparente entre la violence de la révolte et les causes qui la suscitent vient de ce que les actions ou les paroles les plus anodines sont désormais aperçues dans leur vérité d'injonctions, d'intimidations, de mises en demeure, de mises en garde, de menaces, et dénoncées comme telles avec d'autant plus de violence qu'elles continuent à agir en deçà de la conscience et de la révolte même qu'elles suscitent. » (PVD, 37.)

Si le conflit *dénonce* la violence inhérente au code secret des pratiques inculquées, c'est que le devoir-être qu'elles imposent est, en quelque manière, contesté. Par là, le conflit révèle que ce qui, la plupart du temps, *apparaît* aux acteurs sur le mode de la facticité ne s'y *réduit pas* : selon l'analyse de Bourdieu lui-même, l'injonction se révèle dans sa vérité d'injonction – *ce qui apparaissait sur le mode de la facticité se révèle dans sa dimension de normativité.* C'est pourquoi une pratique, aussi moulée soit-elle dans un habitus, est *contestable,* pour autant qu'elle brime une prétention aspirant à être reconnue ; la facticité des pratiques n'est qu'une des faces de leur être ; à charge du conflit d'en révéler l'autre.

La critique opérée à l'égard de la théorie du langage de Bourdieu rejaillit donc sur l'ensemble du paradigme de l'habitus : ce que l'assimilation de la normativité à la facticité masque, c'est le caractère de règle, et donc, comme nous l'apprend l'analyse de la notion de *Regelbefolgung* chez Wittgenstein [21], mais comme le révèle en creux l'analyse de Bourdieu, le caractère

21. Voir notamment KRIPKE, *Wittgenstein on Rules and Private Language,* Oxford, Basil Blackwell Publisher Ltd., 1982.

constitutivement intersubjectif de l'habitus et des pratiques générées par l'habitus – car le conflit est toujours un conflit entre personnes, ou entre prétentions représentées par des personnes : entre l'éducateur et l'éduqué, entre celui qui enjoint et celui qui l'est, etc. Et en tant que constitutivement intersubjectif, ce phénomène renvoie à l'accord au moins possible entre les acteurs – l'exigence d'un accord devient réelle dès lors qu'éclate un conflit à propos de telle ou telle pratique. À nouveau, le conflit révèle la force normative inhérente aux pratiques, il en active les possibilités – possibilités que ne saurait masquer définitivement leur genèse agonique.

2.

Pragmatique de la médiation

Une fois admise la normativité de la règle telle qu'elle se révèle paradigmatiquement dans le conflit, et puisque cette normativité se joue nécessairement, en quelque façon, dans le milieu de l'intersubjectivité, la manière dont les règles mettent à chaque fois en œuvre l'intersubjectivité sera déterminante pour une pragmatique de la médiation à prétention normative. Une telle approche de la médiation requiert donc une détermination de celle-ci en *fonction du type de règle qui y prévaut.* Le problème est à présent de trouver un principe de classification qui permette de rendre compte des pratiques humaines en tant que ce sont des pratiques gouvernées par des règles, sans perdre de vue l'infinie multiplicité de celles-ci ; c'est là une tâche immense et complexe, dont il apparaîtra bien vite qu'on ne peut en donner que les principes directeurs. Mais ceux-ci ne seront pas sans enseignement pour la constitution d'un point de vue moral tel qu'on peut le mettre en évidence à partir d'une analyse des règles. C'est donc la nature de celles-ci qu'il faut maintenant définir plus avant.

NATURE DES RÈGLES

Wittgenstein a montré dans quel sens les règles du jeu d'échecs constituaient entièrement la signification de chacune des pièces de l'échiquier. Toutefois, ce faisant, elles ne constituent pas seulement la signification des pièces, mais la pratique du jeu d'échecs lui-même : car celui-ci n'est *pas pensable indépendamment des règles qui le constituent.* C'est pourquoi on parle dans ce cas, conformément à une dénomination donnée par Pagliaro en 1951 et Mabbott en 1953 [1], de « règles constitutives » : leur fonction est de constituer *ex nihilo* des pratiques qui n'existeraient pas sans elles. Leur caractère essentiellement constitutif explique que ces règles n'aient pas la forme d'impératifs : la définition de l'échec et mat, celle du hors-jeu au football ou encore celle de l'addition en arithmétique s'énoncent sur le seul mode explicatif du type « Le roi est échec et mat lorsque étant attaqué, il ne peut ni se défendre, ni fuir. » L'important est de voir ici que *malgré leur forme constative, de telles propositions ne décrivent rien* – elles ne sont donc pas vérifiables au sens des propositions empiriques –, mais stipulent ce qui pourra être dit correct ou incorrect. Leur forme masque leur nature. Peut-être le plus difficile est-il sim-

1. A. PAGLIARO, « Le regole del giuoco », *Idea* 3-22, 1951 ; J. D. MABBOTT, « Moral Rules », *Proc. Brit. Acad.* 39 (1953), p. 97-118.

plement de voir que ce sont là des règles, en dépit de ce que suggère leur caractère constatif – et ce n'est pas là le moindre mérite de Wittgenstein que d'avoir accompli, dans la perspective de sa grammaire philosophique, ce véritable changement de paradigme. Relèvent donc de la catégorie des règles constitutives les règles de jeu, mais aussi les règles institutionnelles telles que celles du mariage, de la promesse, du vote, du prêt à intérêt, etc., car on ne peut caractériser aucune de ces actions – « il était hors jeu », « il s'est marié », « il a tenu sa promesse », « il a voté pour Sam », « il a emprunté à 10 % » – de façon douée de sens sans se référer aux règles qui les constituent. Ainsi en va-t-il aussi du fait de saluer, remercier, etc. Comme le dit John Searle, les termes de ces descriptions « sont des spécifications qu'il serait impossible de donner sans règles constitutives, tandis que "il portait une cravate au dîner" et "il s'est assis" sont toutes des spécifications que l'on pourrait très bien donner en dehors de l'existence des règles selon lesquelles on doit porter une cravate au dîner, on doit tenir la fourchette de la main droite, etc.[2] ». Constitutives sont aussi, pour Searle – c'est en cela que l'on reconnaît ses sources wittgensteiniennes –, les règles du langage[3].

L'autre grand type de règles est illustré

2. John SEARLE, *Les Actes de langage,* trad. de Hélène Pauchard, Paris, Hermann, 1972, p. 75.

3. *Ibid.*, p. 76.

paradigmatiquement par les règles de circulation : là, l'activité considérée a une existence *indépendamment* des règles qui la concernent, et celles-ci ont par conséquent une autre fonction que celle qui incombe aux règles constitutives : elles ne créent pas de toutes pièces la pratique en question, mais régulent des comportements qui préexistent aux règles, en prescrivant certaines lignes de conduite mises en évidence et caractérisées comme pertinentes parmi d'autres possibles. C'est pourquoi il faut parler ici de règles *prescriptives* : elles prescrivent un certain nombre de comportements à adopter, permettant ainsi de démarquer le correct de l'incorrect au sein de conduites qui par ailleurs existeraient sans elles. Le signal lumineux qui ordonne aux piétons de s'arrêter ne fait que réguler un comportement aux fins d'une circulation sûre, prescrivant une ligne de conduite déterminée à une activité existant par elle-même. Leur caractère essentiellement prescriptif leur confère le plus souvent une forme impérative, ou équivalente. Relèvent de cette catégorie les règles de politesse (ou d'étiquette, comme de devoir tenir la fourchette de la main droite), les règles qui gouvernent certaines activités naturelles comme la danse, la course à pied, etc., lorsqu'elles sont reliées à un ensemble de règles qui fixent « comment cela doit se faire » (pour que la danse soit ballet, la course une compétition sportive, etc.).

On ne peut toutefois pas s'arrêter à cette construction idéale-typique polarisée entre les règles constitutives et les règles prescriptives. Une première remarque nous fait intuitivement voir l'enchevêtrement de la constitution et de la prescription : car il est clair qu'en constituant une pratique, les règles prescrivent par là même la manière correcte d'effectuer cette pratique. Si les règles langagières, constitutives, servent selon Wittgenstein à délimiter le sens du non-sens, c'est précisément qu'il y a, au regard des règles constitutives, des manières incorrectes de dire, comme il y a des manières incorrectes de jouer aux échecs (si, par exemple, on ouvre en déplaçant deux pions simultanément). Les règles constitutives sont en même temps, en quelque manière, prescriptives. Mais les règles prescriptives sont-elles à leur tour exemptes de tout caractère constitutif ? Considérons le cas des règles de politesse. On a vu avec Searle en quel sens une règle comme « Tenue de soirée exigée » était une règle essentiellement prescriptive, car le fait de décrire l'action de quelqu'un comme ayant consisté à mettre une tenue de soirée peut se faire indépendamment de la règle qui prescrit de mettre une telle tenue pour cette soirée-là. On voit bien toutefois qu'en énonçant sa prescription, la règle *constitue* en même temps tel comportement ou tel aspect du comportement comme étant *socialement significatif*. Ne pas mettre la tenue exigée peut signifier, pour l'individu, l'exclusion du groupe concerné, ou l'exposer à une réprobation plus ou moins affirmée. Quoi qu'il en soit, la règle, pourtant essentiellement prescriptive, a constitué, en s'énonçant, une aire de pertinence comportementale soumise au contrôle du groupe des concernés.

Mais peut-être sont-ce les règles de droit qui offrent l'exemple le plus parlant de cette imbrication, représentant une sorte de point d'équilibre entre constitution et prescription : en s'énonçant, elles « marquent » certains comportements comme socialement pertinents, et en font simultanément l'objet d'une prescription *ad hoc*. Leur caractère constitutif revient à constituer, comme le dit Jean-Marc Ferry, « le sens social de ces actions. De ce point de vue, la règle juridique est un opérateur d'intelligibilité, car elle caractérise des manifestations comportementales *comme* des actions sociales déterminées : diffamer, injurier, contracter, acheter, vendre, emprunter, se défendre légitimement, porter assistance à personne en danger, témoigner, déposer une plainte, licencier un employé, etc. [4]. » Le sens social est à la fois ce qui est constitué par la règle de droit et ce qui est désigné comme l'objet d'une prescription. On peut donc tenter ceci, préalablement à une analyse plus précise : *toute règle, en constituant, prescrit ; toute règle, en prescrivant, constitue.*

Les règles essentiellement constitutives constituent, nous l'avons vu, les pratiques elles-

4. Jean-Marc FERRY, « Une approche philosophique de la rationalité juridique », *Droits, revue française de théorie juridique,* 18, 1993, p. 90.

mêmes. Les règles essentiellement prescriptives prescrivent des lignes de conduite déterminées à des comportements préexistants, mais ce faisant, constituent des aires de pertinence comportementales, désignant par là même des types de comportements socialement *marqués,* au sens que les linguistes donnent à ce terme, c'est-à-dire *pertinents* du point de vue de la pratique sociale. Dans un cas, les règles constituent des pratiques, dans l'autre des significations. Mais il y a un autre cas de règles à prendre en considération, moins rigides à certains égards que les règles essentiellement constitutives, et moins impératives que les règles de droit : ce sont les règles (mentionnées par Wittgenstein) du type de celles qui régissent la composition ou l'exécution musicale, la couture, la cuisine ou l'architecture – toutes règles que je dénomme, pour les démarquer des règles sémantiques auxquelles se consacre quasi exclusivement Wittgenstein, *praxiques.* Ce qu'elles fournissent, ce ne sont pas des règles essentiellement constitutives telles que celles du jeu d'échecs : sans elles, il y aurait quand même une exécution musicale (ou sonore), on s'habillerait, se nourrirait, s'abriterait ; mais ce ne sont pas non plus des règles socialement contraignantes comme celles du droit, au sens où celui qui les enfreindrait encourrait une sanction. Ce qu'elles fournissent, ce sont les *canons* de ce qui peut valoir comme correct. On peut s'en écarter, on peut les interpréter – elles permettent donc l'innovation et autorisent un certain degré d'aléatoire. C'est dans ce sens qu'on peut interpréter ces réflexions de Wittgenstein lui-même : « Vous pouvez dire que chaque compositeur a changé les règles, mais la variation a été très faible ; ce ne sont pas toutes les règles qui ont été changées. La musique était toujours bonne selon le canon de bon nombre de vieilles règles [5]. » On ne peut évidemment changer toutes les règles qu'a transmises la tradition, parce que alors, on ne reconnaîtrait même pas la pratique considérée comme relevant de cette pratique-là ; mais les variations qu'on peut introduire au sein d'un système de règles comme celui de la musique témoignent de la relative souplesse des règles canoniques qui non seulement autorisent, mais en un certain sens requièrent l'inventivité dans leur application, sans quoi l'on assisterait, dans la musique, la mode vestimentaire ou l'architecture, à l'éternelle répétition du même. La tradition et l'accumulation de ses strates successives prennent évidemment une part prépondérante dans la constitution des canons, et c'est elle qui dans une large mesure détermine ce qui est correct ou tolérable dans ces pratiques, partagées qu'elles sont entre le respect des « vieilles règles », comme le dit Wittgenstein, et la nécessité d'innover. Cette tension est l'essence même des règles praxiques, et explique à la fois qu'elles soient moins rigides que les règles essentiellement constitutives, et

5. Ludwig WITTGENSTEIN, *Leçons et conversations*, Paris, Gallimard, 1992.

moins impérieuses que les règles essentiellement prescriptives.

Les règles praxiques nous rapprochent d'un quatrième idéal type de règles, le plus commun en somme, les règles *techniques*. Si elles nous en rapprochent, c'est que toute pratique praxique, au sens qui vient d'être indiqué, présuppose la maîtrise technique de la pratique considérée, que l'on parle de la musique, de la couture ou de l'architecture ; en ce sens, les règles techniques se distribuent sur l'ensemble des autres règles, puisque toutes, à un titre ou à un autre, présupposent la maîtrise technique de tel ou tel aspect matériel lié à leur mise en œuvre. C'est ainsi leur aspect téléologique qui leur donne sens ; elles valent par le but auquel elles sont subordonnées – planter un clou pour accrocher un tableau, vendanger pour produire du bon vin ou apprendre le solfège pour pouvoir jouer de la musique. On peut donc dire que ce que constituent les règles techniques, c'est un *résultat souhaité* ; elles le constituent car, dans une large mesure, le but n'existerait pas si l'on n'avait pas l'idée des moyens techniques pour y parvenir. Produire du bon vin est un but seulement parce que l'on connaît les techniques de fermentation ; à l'inverse, on voit que le but lui-même est inconcevable si l'on n'a pas en quelque manière l'idée des règles techniques pour y parvenir ; c'est en ce sens que le but existe par les règles techniques qui le constituent. Ce qu'elles prescrivent, ce sont des *procédés adéquats* en fonction du but souhaité, selon le schéma moyens-fins. L'adéquation se mesure ici à une double contrainte, celle du but visé d'abord – contrainte téléologique –, qui oriente l'activité technique en tant que telle, celle de la réalité ensuite – contrainte objective –, qui impose ses nécessités propres, notamment physiques. Ainsi, planter un clou peut, selon le but visé, se faire de plusieurs manières, mais la réalité physique nous impose d'utiliser un objet plus rigide que lui. On peut donc dire en ce sens que mise à part la dimension téléologique de l'activité considérée, qui dépend d'une décision solitaire ou collective, les règles techniques sont des règles où le réel fait loi : c'est lui en effet qui sanctionne une activité comme étant adéquate ou non au but visé. Cette double contrainte, téléologique et objective, sous laquelle sont placées les règles techniques explique que celles-ci s'expriment prioritairement sous la forme : « Si tu veux faire ceci (contrainte téléologique), alors tu dois faire cela (contrainte objective). » Ni l'une ni l'autre contrainte ne s'impose sur le mode de la nécessité logique, car les buts ont toujours quelque chose d'optatif, et la réalité s'accommode toujours, pour un même but, de plusieurs procédés possibles.

Il faut ajouter à cette idéal-typologie des règles un cinquième type, que j'appellerai celui des *règles essentiellement impératives.* Je range sous ce label des règles qui, comme leur nom l'indique, ont la forme d'impératifs, et s'expriment dans des propositions communes et quotidiennes du genre : « Ferme la fenêtre », « Rendez-vous à 16 heures », « Reste ici », etc. À la différence des règles essentiellement prescriptives, elles ne marquent pas comme signifiants des comportements préexistants, mais ordonnent des actions à exécuter ; de même, à la différence des règles essentiellement constitutives, elles ne créent pas des *pratiques,* c'est-à-dire des systèmes de règles requérant une certaine régularité comportementale, ni ne les créent *de toutes pièces,* mais enjoignent d'accomplir certaines actions précises et ponctuelles spatio-temporellement limitées, et compréhensibles indépendamment de toute institution. Je n'ouvrirais pas la fenêtre ni n'irais à ce rendez-vous si l'on ne me l'avait enjoint – il n'y a donc pas le même rapport entre mon action et l'ordre auquel elle répond, qu'entre mon déplacement en voiture et les règles de circulation. Mais ouvrir une fenêtre ou aller à un rendez-vous ne sont pas non plus des actions qui ne se comprendraient qu'à l'intérieur d'une institution conventionnelle déterminée, à l'inverse de ce qui se passe lorsqu'on se marie ou qu'on propose une partie d'échecs. « Reste ici » est évidemment un ordre qui, hors les conditions de compréhension habituelles de tout acte de langage, se comprend indépendamment de toute règle institutionnelle. Quant à la différence avec les règles praxiques, elle saute aux yeux : loin de s'adosser à l'épaisseur d'une tradition culturelle qui leur donne sens, les règles essentiellement impératives ne valent le plus souvent que dans l'espace d'une situation interactive déterminée. Elles sont de ce point de vue-là l'inverse des canons : autant ceux-ci se constituent dans une intersubjectivité historique culturellement partagée, et sont de ce fait de portée générale, autant celles-là renvoient au *hic et nunc* d'une situation d'action actuelle, constituant à chaque fois des injonctions liées à une situation déterminée. Elles prescrivent des actions ponctuelles, et constituent par là même, à la différence par exemple du droit et de ses obligations générales valant comme cadre de ce qu'il est licite de faire, des obligations limitées.

Voici donc pour la nature des règles qui, dans chacune des dimensions que nous avons examinées, fonctionnent plus en dégradé que selon une logique classificatoire stricte. Cette typologie des règles telle qu'elle a été effectuée jusqu'ici concerne celles d'entre elles qui sont, pour ainsi dire, socialement les plus apparentes. On prendra toutefois la mesure à la fois de l'extension et de la pertinence du concept de règle si l'on y inclut celles qui, pour l'être le moins, sont pourtant les plus présentes. Elles adhèrent à notre vision du monde, la constituent si fondamentalement qu'on ne les voit pas. Je veux parler de ce que j'appellerai les *règles catégorielles,* qui structurent notre appréhension du monde dans son ensemble : la manière dont on conçoit l'espace et le temps, dont on les divise et leur donne une forme sociale ; la manière dont on conçoit la relation entre les choses, entre soi et les choses, entre soi et les autres ; la manière dont on classe les éléments de la réalité – que l'on pense au fameux texte de Borgès que commente Foucault dans la préface aux *Mots et les Choses*. Il s'agit là véritablement de paradigmes de l'appréhension du monde, qui structurent à notre insu la manière dont il est pour nous, la manière dont nous le subdivisons en perceptions et concepts. À l'inverse des règles du jeu d'échecs qu'il faut patiemment énoncer, les règles catégorielles ne font pas l'objet d'une transmission explicite : elles sont plutôt induites par chacun des comportements que nous apprenons, et leur thématisation relève davantage de la discipline spécialisée (philosophie, épistémologie, histoire, physique théorique) que d'un intérêt pratique commun. Une socialisation réussie suppose notamment – condition nécessaire, mais non suffisante – une juste identification des liens catégoriels fondamentaux, qui font partie de l'héritage tacite que l'on transmet dès les premiers instants de l'existence. C'est là un travail éducatif au sens le plus large qu'on puisse concevoir, non confiné aux règles méthodiques de la pédagogie, mais élargi au contraire aux structures fondamentales de l'appréhension expériencielle. La règle constitue là les *catégories* de cette appréhension, et prescrit par là même une *vision du monde* qui n'est pas tant une culture partagée que la condition du partage de la culture.

J'ai ainsi essayé de montrer que toutes les règles, des plus particulières aux plus générales, étaient à la fois constitutives et prescriptives, et ce dans des proportions évidemment (et éminemment) variables, qui modifiaient le concept de règle lui-même. Il en résulte corollairement que la notion wittgensteinienne de maîtrise technique à laquelle l'auteur des *Investigations* assimile la *Regelbefolgung* n'épuise pas le concept de règle, mais concerne les seules règles essentiellement constitutives. Car il apparaît que Wittgenstein ne tire pas toutes les conséquences des exemples que lui-même fournit, assimilant sans autre ce que j'ai appelé les règles praxiques à toutes les autres règles (mathématiques et langagières) qu'il analyse du point de vue exclusif de leur contribution à la signification. Il faut donc élargir le concept de règle, et en même temps le différencier. Il appert alors que quelle que soit la différence de nature qui les sépare, *toutes les règles constituent ce qui est à prescrire,* étant entendu que ce qui est constitué varie à chaque fois selon la nature de la règle. On peut systématiser dans le schéma suivant les idéaux types que nous avons découverts, tout en gardant à l'esprit que là où le tableau suggère des différences nettes, il y a en fait passage en dégradé, et structure résillée de combinaisons infiniment variables (voir tableau ci-après).

Il faut une dernière fois insister sur le caractère idéal-typique de cette classification, dont la marque spécifique est d'utiliser comme principe discriminant la *nature des règles* en fonction de ce qu'elles prescrivent et constituent. Quant à son caractère opératoire pour une description des activités humaines en général, elle se distingue à la fois par une grande souplesse

Types de règles	Ce qu'elles constituent	Ce qu'elles prescrivent
essentiellement constitutives	les pratiques elles-mêmes	la manière correcte d'exercer cette pratique
essentiellement prescriptives	des significations sociales	des lignes de conduite à adopter
praxiques	des canons de justesse	une manière de faire tolérable
techniques	un résultat souhaité	des procédés adéquats
essentiellement impératives	des injonctions ponctuelles	des obligations déterminées
catégorielles	les catégories de l'appréhension du monde	des visions du monde

La nature des règles : idéaux types.

en permettant à chaque fois une description précise de la règle mise en œuvre, et par le défaut concomitant à cette souplesse, à savoir l'impossible exhaustivité (donc : le caractère nécessairement idéal-typique) de la taxinomie qu'elle permet. Dans la réalité de leur mise en œuvre, les règles se présentent en fait sous des types combinés qui ne se laissent pas réduire à ces idéaux types. Que l'on pense par exemple aux règles dites déontologiques telles qu'elles régulent des pratiques professionnelles, comme la médecine. Elles partagent avec les règles praxiques la double caractéristique de s'appuyer sur une tradition évolutive, et – ceci expliquant la possibilité de cette évolution – de permettre une certaine marge interprétative laissée à l'appréciation du praticien. Elles se rapprochent pourtant des règles essentiellement prescriptives à la manière du droit, puisqu'elles imposent des règles de conduite à certaines pratiques par ailleurs existantes, et que les manquements à ces règles peuvent être sanctionnés ; à la différence du droit, toutefois, elles n'émanent pas de l'autorité étatique et ne bénéficient donc pas de la légitimité que celle-ci confère à sa production juridique *stricto sensu.* Les règles déontologiques représentent même un domaine que pour cette raison certains auteurs appellent « infradroit [6] »,

6. Jean CARBONIER, *Sociologie juridique,* Paris, PUF, 1978, 108 *sqq.* Repris par Édith DELEURY, « Éthique, mé-

ou « ordre juridique infraétatique[7] ». De telles règles lient sans condition tous les membres de la profession avec une force d'obligation au moins égale à celle d'un impératif juridique, mais sans donner lieu pourtant, sauf cas exceptionnel, à de véritables recours en justice. Essentielle est ici plutôt la notion d'ordre professionnel : « On entend par code de déontologie l'ensemble des préceptes qui régissent la conduite des personnes appartenant à des professions organisées en ordres[8]... » Même une règle aussi stricte et ressentie avec autant de force contraignante que le respect du secret médical peut, moyennant situation exceptionnelle, faire l'objet d'un débat interprétatif où s'opposent la norme du respect absolu du secret (et donc celui de la protection individuelle) à celle de la mission de protection de la santé publique (souci de la collectivité).

Elles n'instaurent par conséquent pas tant des canons de justesse ni des significations sociales que des *codes régulateurs* orientant l'action dans une mesure laissant place à l'interprétation ; de ce fait, elles partagent avec les

decine et droit », Marie-Hélène PARIZEAU, *Les Fondements de la bioéthique,* Bruxelles, de Boeck, 1992, p. 78.

7. Norbert ROULAND, *Aux confins du droit,* Paris, Odile Jacob, 1991, p. 135.

8. Jean-Paul BUFFELAN, « Études de déontologies comparées dans les professions organisées en ordres », *La Semaine juridique,* n° 20, 16 mai 1962.

règles praxiques et les règles prescriptives des caractéristiques communes, tout en se limitant à un domaine spécifique de régulation professionnelle. Ici comme ailleurs, les idéaux types caractérisant les règles se manifestent dans la réalité de leur mise en œuvre selon une logique combinatoire laissant ouverte quantité de variations possibles.

La source de la normativité de la règle

Toutefois, en nous intéressant à la nature des règles telle qu'elle est restituée dans le tableau ci-dessus, nous avons encore limité l'analyse à la *positivité* de la règle – aux règles en tant qu'elles valent effectivement –, puisque la nature de la règle se détermine par définition d'après les règles telles qu'elles existent – l'analyse se borne à leur seule facticité. Il fallait cependant, même du point de vue de leur normativité, engager cette analyse, car, comme je vais tenter de le montrer maintenant, la normativité de la règle diffère à chaque fois selon sa nature.

La lecture de Bourdieu nous a indiqué en quel sens c'était le conflit qui révélait la normativité de la règle : en contestant ce qui lui apparaît sur le mode de la facticité, élevant par là même une prétention aspirant à être reconnue, un acteur active la dimension de la normativité inhérente à la règle. Par là, il n'est pas affirmé qu'une telle prétention *doive* être reconnue : élever une prétention n'équivaut pas *ipso facto* à devoir lui faire droit. Ce qui est affirmé, – ce que révèle la possibilité même du conflit –, c'est que le mode sur lequel s'impose la règle ne se réduit pas à son mode d'imposition factuel ; elle s'impose aussi – c'est là la dimension de sa normativité – comme ce qui est digne d'être reconnu.

Je pourrais caractériser la pointe systématique de la pragmatique de la médiation en la synthétisant comme suit : bien que la règle n'ait pas de valeur de vérité (Wittgenstein), elle peut néanmoins être *contestée* (d'où le conflit) ; *ce qu'on conteste par conséquent, ce n'est pas sa valeur de vérité, c'est sa prétention à la validité.* La prétention à la validité est la dimension à chaque fois spécifique dans laquelle se manifeste la normativité de la règle. Pour pouvoir caractériser plus avant cette dimension, il faudra déterminer la nature de la règle, et la source spécifique de sa normativité, qui implique corollairement, à chaque fois, une mise en œuvre différente de l'intersubjectivité impliquée dans la règle.

Toutefois, bien qu'une règle n'ait pas de valeur de vérité, on peut, naturellement, aborder des règles sous le rapport cognitif de la vérité, et ce dans des propositions du genre : « Il est faux, ou il est vrai, que R », où « R » représente une règle telle que « On doit poser les mains sur la table en mangeant », « Il est interdit de fumer dans cet immeuble » ou « Le fou se déplace en diagonale ». Mais si l'on reprend la célèbre distinction opérée par Quine entre *to fit* et *to guide,* « s'ajuster » (de manière descriptive), « orienter le comportement » (de manière prescriptive), qui recoupe celle du point de vue de l'observateur qui constate une certaine régularité, et celle de l'acteur qui se laisse guider par des règles, qui donc leur obéit [9], on peut dire que pour un observateur extérieur, une contestation sous le régime de la vérité (« il n'est pas vrai que R ») ne concerne pas la validité de la règle elle-même, mais son champ d'application ou l'effectivité de sa validité (si l'on dit par exemple que ce qui est vrai en Europe – qu'il faut poser les mains sur la table en mangeant – ne l'est pas aux États-Unis). De même, lorsqu'il s'agit d'un *utilisateur* de la règle, sa vérité ne peut être contestée que par rapport à des données *extérieures* à la règle elle-même ; par exemple, si l'on conteste qu'il soit interdit de fumer dans cet immeuble, sous prétexte qu'il n'y a pas de règlement correspondant. Dans les deux cas, l'invalidation ne touche pas tant au contenu de la règle elle-même qu'à sa seule pertinence ou applicabilité.

Il ne faudrait toutefois pas en conclure que je ne puisse pas contester la règle elle-même, c'est-à-dire son contenu ; ce qui est ici affirmé, c'est que si je la conteste, je ne la conteste pas

9. W. V. QUINE, « Methodological Reflections on Current Linguistic Theory », D. DAVIDSON and G. HARMAN, *Semantics of Natural Language,* Dordrecht, Reidel Publishing Company, 1972, p. 442.

sous le rapport de la vérité. Les deux cas de figure présentés mis à part, la contestation du contenu de la règle doit se faire en conséquence sous un autre rapport – le rapport de la *justification* ou de la *justesse normative* : je conteste qu'il soit juste, légitime, adéquat, etc., que R. Alors, je conteste que ce qu'énonce R soit justifié, et par conséquent vaille légitimement : par exemple, qu'il soit juste ou adéquat d'interdire la fumée dans ce lieu public, ce pour quoi je dois produire des arguments au sens de Toulmin [10], c'est-à-dire des propositions valides non en raison de leur vérité cognitive, mais de la validité des garanties (de nature très diverse) que l'on peut produire à leur appui. Il n'en va plus ici de la validité effective d'une règle telle qu'elle se détermine par des critères extérieurs à celle-ci, mais de sa validité normative, qui ne se laisse déterminer qu'au regard des justifications que peuvent invoquer les *utilisateurs eux-mêmes.* Les conflits au sujet de la validité normative ne peuvent surgir que de l'intérieur d'une pratique, dans ce que Habermas appelle l'attitude performative par opposition à l'attitude objectivante ; la contestation normative ne peut venir que des utilisateurs eux-mêmes. La manière de résoudre un conflit varie selon le type de règle contesté, et sera l'objet d'analyse spécifique de ce chapitre ; mais ce qu'il faut pour l'instant noter, c'est la

10. Voir Stephen TOULMIN, *Les Usages de l'argumentation,* trad. de Philippe de Brabanter, Paris, PUF, 1993.

portée de la définition d'inspiration wittgensteinienne de la règle comme proposition n'ayant pas de valeur de vérité : cela ne la soustrait pas à toute contestation possible, mais déplace celle-ci de l'orbe cognitif de la vérité vers l'orbe normatif de la validité.

Le cas des règles essentiellement constitutives

Un troisième cas, pourtant, semble infirmer cette thèse, c'est celui des règles essentiellement constitutives. Observons ce qui se passe dans le cas paradigmatique du jeu d'échecs. À peine peut-on parler ici de « conflit » quant aux règles ; tout au plus de « litige », si par exemple, comme cela arrive, un joueur ouvre la partie en déplaçant simultanément deux pions, et non un seul comme cela se doit. Dans le cas des règles essentiellement constitutives, il y a une seule manière d'aplanir le litige, c'est de se référer aux règles elles-mêmes, et de renvoyer à leur apprentissage. *« Apprends ! »* dira-t-on à celui qui se trompe sur le déplacement des pions, sur la manière d'effectuer une addition ou d'appliquer la concordance des temps dans la langue française. L'intersubjectivité inhérente à la normativité de la règle se manifeste là sur le mode du *contrôle.* La norme qui permet de résorber le conflit est celle des règles *telles qu'elles ont été établies,* et qu'il faut apprendre sur le mode de la maîtrise technique ; si quelqu'un conteste que le fou se déplace en diagonale, c'est cette maîtrise technique concernant le juste déroulement d'une partie qui lui fait défaut. En cas de contestation ou de mésapprentissage, la justification ne peut se référer qu'aux règles elles-mêmes, qui constituent pour cette raison « le roc dur sur lequel ma bêche se recourbe ». Il n'y a pas de réalité *extérieure* qui justifie de telles règles, et on peut en conséquence les appeler *immotivées* ; elles imposent une nécessité qui ne se nourrit que d'elle-même, et dont la communauté est en charge de contrôler le respect.

Un autre exemple n'infirme qu'en apparence l'immotivation des règles essentiellement constitutives : si quelqu'un demande pourquoi « après que » commande, en grammaire française, l'indicatif, et « avant que » le subjonctif, on peut certes lui répondre, à la manière des manuels de grammaire, ceci : « avant que » indique la postériorité du fait exprimé dans la subordonnée – donc, son irréalité par rapport à celui exprimé dans la principale, d'où le subjonctif –, « après que » son antériorité, donc sa réalité, d'où l'indicatif ; l'emploi de ces modes respectifs semble donc justifié par une réalité supérieure qui dépasse la simple convention grammaticale. Mais la motivation n'est là encore qu'apparente, et le problème n'est que repoussé, car aucune réalité d'aucune sorte n'impose que la réalité doive s'exprimer par l'indicatif : l'indicatif *exprime* la réalité de faits constatés, voilà tout ; c'est comme cela que le français exprime la réalité expériencielle. Il n'y a pas là de raison supérieure à ce qu'établit la convention linguistique, c'est au contraire elle qui fixe l'exprimabilité d'une telle réalité. Et l'on peut déployer aussi loin que l'on veut la recherche des « raisons » de telle règle linguistique, on ne trouvera jamais que des conventions qui décident de ce qu'il est correct ou incorrect de dire [11]. Les règles essentiellement constitutives sont donc pour cette raison même immotivées par rapport à une réalité supposée les vérifier, et la demande de leur justification ne peut que susciter un interminable écho de ces règles avec elles-mêmes.

Toutefois, cette immotivation des règles essentiellement constitutives ne les soustrait pas non plus à toute contestation possible. Pour voir quelle forme pourrait avoir la contestation de rè–

11. Là non plus, le mode constatif de l'expression ne doit pas faire illusion sur le caractère purement normatif de ce type de règles : « Les propositions temporelles qui indiquent la simultanéité ou la postériorité du fait exprimé par la principale marquent un fait présent ou passé par rapport au verbe principal, c'est-à-dire un fait réel ou regardé comme tel ; par suite, elles se mettent à l'indicatif » (GRÉVISSE, *Le Bon Usage,* 1980, p. 336 (n° 2621)). La prétendue justification porte ici sur le rapport supposé nécessaire entre la réalité et l'indicatif qui l'exprime ; mais c'est précisément la grammaire, au sens wittgensteinien, de l'indicatif qui implique que ce qui est exprimé à l'indicatif soit considéré comme réel ; ce n'est ni la nature de la réalité qui impose ce mode, ni la nature de ce mode qui implique tel rapport à la réalité.

gles apparemment si peu « discutables », il est instructif de noter que la nécessité par laquelle se manifeste la normativité de la règle n'est pas également « dure » dans chacun de ces cas considérés. Les langues naturelles en sont l'exemple le plus frappant : bien qu'essentiellement constitutives, leurs règles ne s'imposent pas avec la même implacable rigidité que celles de l'arithmétique, car dans les langues naturelles, la norme, c'est l'usage. Les auteurs du *Bon Usage* – titre révélateur s'il en est – doivent eux-mêmes concéder (certes à regret) à propos de l'exemple donné précédemment : « Le cas reste controversé, mais ici, l'usage, ce tyran, impose sa loi ; il faut bien se résigner, en dépit qu'on en ait, à admettre "après que" avec le subjonctif, tant les exemples abondent [12]. » La remarque est révélatrice : le roc ultime n'est pas ici ce que stipule « d'en haut » la norme grammairienne et académique, mais la manière dont s'en servent les usagers, et en l'occurrence les usagers les plus dignes de foi, puisque dans la longue liste des exemples cités figurent les plus prestigieux auteurs de la littérature française. Quelqu'un qui contesterait ouvertement l'emploi du subjonctif après « après que » pourrait donc raisonnablement arguer de la fréquence d'un usage passé dans les mœurs linguistiques (presse et communication quotidienne), de l'autorité de grands auteurs, de l'inanité de vouloir normer dogmati-

12. *Ibid,* p. 1338-1339.

quement ce qui est du domaine de l'expression symbolique, ou encore de la nécessaire démocratisation de la langue. Qui pourrait en revanche sérieusement contester que la racine carrée de 2 soit irrationnelle, sous prétexte que c'est là une vérité inaccessible à ceux qui n'ont pas le bac ? Il est en revanche plausible de modifier, comme on l'a fait, les règles du football (en interdisant au gardien de se saisir des mains d'une balle adressée des pieds par un membre de son équipe), en invoquant la qualité du spectacle offert. Bien qu'immotivées par toute réalité qui les précéderait, les règles essentiellement constitutives ne s'imposent donc pas toutes avec la même force ; leur immotivation ne détermine pas par elle-même la dureté de leur nécessité.

Le fait que des règles soient *immotivées* n'implique donc pas qu'elles ne soient pas *justifiées,* si l'on donne au terme – avec Toulmin et Habermas – un sens débordant sa stricte signification cognitive ; leur immotivation implique seulement qu'on ne puisse les contester sous le rapport de la vérité, au sens d'une adéquation au monde objectif. En revanche, dans la mesure où elles sont justifiables, par exemple par un intérêt pratique (l'intérêt du spectacle footballistique, la simplification des règles de grammaire, etc.), elles sont aussi contestables, et donc modifiables. Mais c'est là, somme toute, pour les règles essentiellement constitutives, un cas exceptionnel dont la valeur heuristique réside surtout dans le fait de révéler les différences dans le type de nécessité que l'on attache à différentes règles. Le cas normal de litige est celui que l'on résout par la simple injonction : « Apprends ! », c'est-à-dire par la constatation d'une déficience dans la maîtrise technique de la règle, dont le juste apprentissage est contrôlé par la communauté concernée.

Le cas des règles praxiques

Si l'apprentissage des règles est le recours premier pour aplanir un litige survenant dans le cadre des règles essentiellement constitutives, il n'en va pas de même des règles praxiques établissant les canons d'une pratique correcte. Certes, on peut imaginer là aussi le simple renvoi à l'apprentissage des règles : « Ce n'est pas ainsi que l'on écrit un dièse », ou « Un court-bouillon ne doit pas être sucré » sont des cas de ce genre. Mais on invoque alors la dimension proprement technique des règles praxiques, qui sont assurément leur condition de possibilité, mais non leur différence spécifique. Si l'on se réfère à celle-ci, une contestation aura plutôt la forme : « Ce n'est généralement pas ainsi que l'on fait », ou « Ce n'est pas conforme à ce qui se fait habituellement », objections qui portent en elles la référence certes vague et indéterminée, mais ressentie comme contraignante, à des règles canoniques telles qu'elles sont transmises dans la tradition. J'ai dit plus haut qu'en un sens, les règles canoniques requéraient une certaine dose d'inventivité, sous peine d'être prises dans le cycle de la répétition du même ; mais l'écart qui résulte d'avec la pratique jusqu'alors admise est soumis à des appréciations diverses, d'où la subjectivité (individuelle ou collective, comme dans le cas des musiciens « inaudibles » de leur vivant) n'est évidemment pas absente. Ces règles n'ont toutefois pas la nécessité que l'immotivation confère aux règles essentiellement constitutives ; elles sont souples au contraire, motivées qu'elles sont par la forme d'inertie molle que la tradition confère à une pratique partagée. La tradition n'a pas le caractère ultime du roc de Wittgenstein : elle est malléable, interprétable, soumise à jugement et appréciation. « Ce n'est généralement pas ainsi que l'on fait », une telle remontrance s'autorise non du caractère implacable de règles qui ne peuvent être autres que ce qu'elles sont, mais d'une invocation empreinte de subjectivité de l'autorité diffuse de ce qui vaut culturellement comme correct. Comme le dit encore Wittgenstein à propos de la musique : « On peut dire que les règles de l'harmonie ont exprimé la façon dont les gens souhaitaient entendre les accords sonner – leurs souhaits se sont cristallisés dans ces règles (le mot "souhaits" est beaucoup trop vague). » (LC, 24.) Le problème n'est d'ailleurs pas tant de savoir si ce sont des souhaits, des désirs ou de tout autres états mentaux qui se sont cristallisés dans telle règle canonique, que de voir que celle-ci, quelle que soit son origine, doit sa force prescriptive à la tradition qu'elle contribue à perpétuer. Il est toutefois entendu qu'un canon a la rigidité qu'on lui prête, et que sa normativité est fonction du poids que l'on attribue à la tradition culturelle qui la motive ; cette normativité est forte, lourde et relativement inerte, mais pas implacable – jamais une règle de composition musicale ou culinaire n'aura la nécessité d'un « doit » logique.

C'est ce qui explique qu'une fois dépassé le débat sur la maîtrise technique, le conflit sur des règles praxiques prenne la forme d'un conflit d'interprétation sur ce qui est admissible ou non en regard des canons qu'ont constitués ces règles praxiques. L'acteur n'est pas corrigé au sens où l'est celui qui commet une erreur de calcul, il est plutôt désavoué en fonction d'une appréciation subjective. La désapprobation ne prend donc qu'accessoirement la forme de la contestation explicite et articulée – elle peut le faire pourtant, comme c'est le cas par exemple de la critique artistique. Toutefois, le fait que les conflits soient nécessairement plus « mous » que ceux que suscitent les règles essentiellement constitutives ne doit pas faire perdre de vue ce que Bakhtine appelait, comme le fait aujourd'hui Charles Taylor après lui, le caractère « dialogique » des règles praxiques (Bakhtine parlait exclusivement des productions symboliques artistiques), c'est-à-dire leur caractère nécessairement intersubjectif : toute pratique gouvernée par des règles praxiques est principiellement adressée à quelqu'un ou exercée pour quelqu'un – le cercle restreint des usagers réels (couture, cuisine), le cercle actuel ou futur des publics existants (arts), ou le cercle potentiel et anonyme des publics que l'on imagine. Ce quelqu'un n'est pas en charge, comme pour les règles essentiellement constitutives, du *contrôle* de la maîtrise de règles apprises, mais plutôt de l'*appréciation,* en un sens quasi esthétique, du maniement de règles relativement souples telles qu'elles sont transmises par la tradition de manière plus ou moins codifiée. Cette dimension intersubjective n'est pas, là non plus, simplement indexée à une pratique qui existerait sans elle, mais elle en est constitutive, et ce dans la double dimension de la diachronie et de la synchronie : dans celle de la diachronie parce que, comme le dit Ricœur à propos des règles constitutives, – mais cela vaut *a fortiori* pour les règles praxiques, qui ont un lien essentiel à la tradition –, elles « viennent de beaucoup plus loin que l'exécutant solitaire ; c'est de quelqu'un d'autre que la pratique d'une habileté, d'un métier, d'un jeu, d'un art, est apprise ; et l'apprentissage et l'entraînement reposent sur des traditions qui peuvent être transgressées certes, mais qui doivent d'abord être assumées [13] » ; dans celle de la synchronie ensuite, parce que de telles pratiques n'ont de sens que reconnues, même s'il s'agit là de la reconnaissance virtuelle d'un public futur. Comme le

13. *Soi-même comme un autre,* Paris, Éd. du Seuil, p. 185.

dit Charles Taylor en se référant ici explicitement à Bakhtine : « Dans le cas de l'artiste solitaire, l'œuvre attend son public futur, un public qui ne doit éventuellement être constitué que par l'œuvre elle-même. Par sa forme, l'œuvre d'art atteste qu'elle est adressée à un destinataire [14]. » Ce que j'aimerais mettre en évidence, ici comme ailleurs, c'est que ce public, quel que soit son rôle et le mode sur lequel il se manifeste (en l'occurrence, sur le mode appréciatif de l'approbation ou de la désapprobation, mais auparavant, sur celui du contrôle) est une dimension essentielle de la règle praxique.

Le cas des règles techniques

Les règles techniques sont prises dans l'étau d'une double contrainte, la contrainte téléologique qui leur assigne un but à réaliser, et la contrainte objective qui leur impose les conditions matérielles de leur mise en exercice. La fin qu'elles servent est extrinsèque aux règles elles-mêmes – couper du bois *pour* se chauffer –, et ne relève pas en conséquence de la normativité propre de la règle : un conflit sur les fins auxquelles sont subordonnées les règles techniques n'est pas un conflit sur ces règles elles-mêmes, mais sur la règle architectoniquement supérieure

14. Charles TAYLOR, *Multikulturalismus und die Politik der Anerkennung*, Fischer Verlag, Francfort-sur-le-Main, 1993, p. 23.

qui élève cette fin au rang de ce qui est souhaitable. Pour accéder à la normativité propre de la règle technique, il faut par conséquent se reporter à un conflit qui porte sur sa performance propre, à savoir l'*adéquation* qu'elle est en mesure de produire par rapport à un but souhaité. C'est ici que nous retrouvons cette caractéristique essentielle et absolument spécifique de la règle technique selon laquelle, en quelque sorte, le réel y fait loi : car puisque le but souhaité est à un titre ou à un autre une intervention dans le monde, c'est dans et par la réalité que s'attestera l'efficacité d'une règle technique. On peut donc dire qu'un conflit sur une règle technique est prioritairement résolu par la réalité à laquelle elle a affaire : car c'est bien dans la réalité – plutôt que par un accord entre les acteurs – que s'atteste avant tout l'adéquation des moyens à telle fin. On peut naturellement discuter et se disputer sur cette adéquation, mais c'est en dernière instance la réalité qui décide. De ce fait, il y a assurément un rapport de motivation entre la réalité et les règles techniques, mais là encore ce n'est pas un rapport de vérité : une règle technique n'est pas, en toute rigueur, vérifiée ou falsifiée par la réalité, elle lui est plus ou moins adéquate, et ce tant par rapport à la fin visée que par rapport à la réalité sur laquelle il faut intervenir pour réaliser cette fin. Les règles techniques ont donc ceci de particulier qu'elles ne reposent pas tant sur un accord, explicite ou implicite, que sur ce qui s'atteste dans la réalité ; et même s'il y a accord sur la meilleure manière de procéder dans tel ou tel domaine, ce n'est pas l'accord qui est l'instance de recours ultime, mais la réalité sur laquelle il y a accord ; cet accord ne fait qu'entériner ce qui s'éprouve dans la réalité. L'instance de recours n'est donc pas, comme dans le cas des règles constitutives, l'apprentissage correct – bien que ce soit là une dimension essentielle de l'habileté technique – et l'accord qu'il suppose, mais l'expérience. « Vois ! » dira-t-on à celui qui conteste l'adéquation des règles techniques ; c'est donc d'abord le monde objectif des faits qui sanctionne une intervention faite sur le mode moyens-fins.

Le cas des règles essentiellement prescriptives

Il importe aux règles prescriptives que les activités auxquelles elles s'appliquent leur préexistent, c'est-à-dire existent indépendamment d'elles. Elles ne sont là que pour normer une telle activité en imposant des lignes de conduite dès lors qualifiées de correctes. L'exemple paradigmatique est ici, on s'en souvient, celui des règles de la circulation. Contrairement aux règles essentiellement constitutives, elles sont nécessairement motivées, c'est-à-dire qu'elles entretiennent en quelque manière un rapport de justification avec la réalité qu'elles sont en charge de régler. Mais là encore, ce n'est évidemment pas sous le rapport de la vérité : on voit bien qu'il n'y a pas de sens plausible auquel on pourrait dire que la réalité *vérifie* (rende vraies ou fausses) les règles de circulation. En revanche, on ne peut pas non plus dire qu'elles soient immotivées ; leur motivation ne tire toutefois pas son origine pour ainsi dire en amont, d'une réalité qu'elles copieraient ou imiteraient, mais en aval, du côté de la réalité qu'elles règlent : elles ont un effet réel en permettant une circulation sûre, et dans ce sens elles correspondent à un intérêt pratique qui s'atteste, lui, bien réellement. On peut parler ici d'une motivation par fin pratique de la règle, ce qui revient à dire qu'une justification de cette règle fera directement référence à cette dimension-là de sa mise en exercice – lorsqu'il s'agira de justifier une limitation de vitesse ou des règles de priorité.

La motivation par fin pratique, qui justifie que l'on impose telle ou telle ligne de conduite, signifie simplement que l'on attribue aux règles prescriptives certaines fonctions qui s'attestent dans la réalité. Mais c'est évidemment à partir de là que les problèmes commencent : car l'aplanissement d'un conflit portant sur les règles prescriptives fera nécessairement référence à cette fonction-là mais celle-ci est soumise aux interprétations les plus diverses, quelquefois irréductibles et le plus souvent indécidables. En d'autres termes, on a affaire là au cas indubitablement le plus complexe d'un point de vue normatif, car les motivations que l'on peut donner aux règles sont infiniment variables, bien qu'elles puissent être également plausibles.

Le cas des règles de circulation est à cet égard relativement non problématique. La fin à atteindre est celle d'une circulation sûre, et c'est à elle que sont ordonnées les différentes règles édictées ; le débat porte avant tout sur l'adéquation des moyens à cette fin, il s'agit donc d'un débat essentiellement technique. Mais les règles de politesse, par exemple, sont loin d'avoir, de ce point de vue-là, la même simplicité ; à quelle fin sont-elles ordonnées ? Ne sont-elles que l'aménagement de ce que Maurice Agulhon appelle une « aptitude générale d'une population à vivre intensément des relations publiques [15] », c'est-à-dire de la « sociabilité » ? Ce serait là en somme l'opinion de Kant : « Les lois du raffinement humain ont beau paraître insignifiantes, si on les compare avec la loi purement morale ; tout ce qui favorise les rapports sociaux et ne consiste qu'en maximes pour plaire et manières de plaire recouvre cependant la vertu d'un vêtement qui l'avantage [16]. » Ou faut-il y voir, à l'inverse en quelque sorte, la marque d'une distinction, au sens bourdieusien, toujours réaffirmée contre l'inférieur et le vulgaire dont il faut se démarquer ? Bourdieu a là l'appui notoire de

15. Cité par Bernard VALADE, « De la civilité à la sociabilité », *Encyclopaedia Universalis,* art. « Les enjeux », 1985, p. 688.

16. *Ibid.,* p. 691.

Proust qui décrivait les membres de la bourgeoisie comme des gens qui « se faisaient de la société une idée un peu hindoue et la considéraient comme composée de castes fermées[17] ». On voit en outre la différence d'attitude sociale qu'engendre l'adoption de l'une ou l'autre de ces positions.

Comme les autres, ces règles ont leur normativité spécifique, qu'active à chaque fois une contestation qui reste toujours possible. On peut contester des règles de la circulation au nom de leur inadéquation à la fin pratique à laquelle elles sont ordonnées ; mais les règles de politesse elles-mêmes ont été l'enjeu d'un combat social de première importance. Comme le dit Bernard Valade à la suite de Norbert Elias : « Face à la bourgeoisie montante, la noblesse a tout mis en œuvre pour que les signes distinctifs ne s'effacent pas. Contre le savoir professionnel et l'argent, elle a exalté tout ce que le bon goût qualifie[18]. » Il s'agit là assurément d'intérêts sociaux très généraux, et non de la contestation d'un seul face à une règle qui bafouerait l'une de ses prétentions ; mais cela suffit tout de même à arracher ces règles au seul domaine de la positivité, et à révéler en creux ce que les règles essentiellement prescriptives doivent à l'accord social.

Car c'est en définitive l'accord social qui

17. *Ibid.*, p. 690.
18. *Ibid.*, p. 690.

est ici le « roc ultime », c'est-à-dire l'instance suprême de recours s'il s'agit de résoudre un conflit. Le terme « accord social » ne préjuge en rien des modalités selon lesquelles il s'obtient, et n'anticipe pas par exemple sur une quelconque forme concrétiste de théorie du contrat social ; le fait que l'on parle d'accord ne signifie pas que les membres de la communauté se soient réellement accordés sur la question. Il s'agit simplement de constater qu'*il y a* accord, et que cet accord constitue en quelque sorte le fonds commun à partir duquel s'élaborent et se résolvent les problèmes. On se rendra compte de l'importance et de la prégnance de cet accord sur les règles si l'on met en évidence que celles-ci structurent, si l'on en croit certains anthropologues, jusqu'à nos émotions :

> « Les émotions elles-mêmes n'échappent pas à l'emprise de la société. Si l'on peut admettre que les émotions telles que la peur, la colère, la tristesse... sont innées et que les manières dont elles se manifestent tant sur le plan physiologique interne que sur le plan de l'expression visible sont communes à l'espèce, encore convient-il de distinguer les émotions des affects qui les déclenchent. Si les formes des premières sont biologiquement déterminées, les seconds sont socialement définis. Si je suis plus ému par la prise en otage d'un concitoyen que par celle d'un étranger, il a bien fallu auparavant que je différencie les uns et les autres et que j'apprenne à associer des émotions à cette

catégorisation. Si je suis indigné par le manquement à telle règle, c'est d'abord parce que la règle existe et qu'elle a été transgressée : la règle est antérieure à l'émotion et c'est elle qui détermine à quel propos on peut (ou non), on doit (ou non) ressentir et manifester des émotions et lesquelles [19]. »

L'accord social auquel renvoient les règles essentiellement prescriptives est donc loin de ne concerner que les accords ou décisions explicites à l'égard de pratiques telles que la circulation ou la vie mondaine. Au degré de généralité où elles structurent nos émotions, elles s'approchent manifestement des règles catégorielles, mais ne semblent pas être soumises au même degré d'impérieuse nécessité : les lois de l'affect, pour ainsi les nommer, sont plus mobiles que les catégories de l'expérience, si l'on en juge par exemple par les modifications relativement rapides de notre sensibilité à l'égard de la douleur humaine, de la souffrance animale ou de la détérioration de l'environnement, toutes choses qui, à un degré ou à un autre, suscitent des émotions morales. Contre les théories émotivistes naïves, il faut maintenir avec force la distinction entre les *émotions* et les *affects* qui les déclenchent, pour rendre justice de la dimension intersubjective qui habite ceux-ci. En

19. Pierre HERAUX, « Modes de socialisation et d'éducation », *Histoire des mœurs II,* Paris, Gallimard, coll. « La Pléiade », 1991, p. 310.

ce sens, les affects ne peuvent agir en déclencheurs que si une règle acquise dans la socialisation (toute informulée qu'elle puisse être) leur accorde ce rôle de déclencheurs, ce qui soumet donc les affects à la variabilité culturelle des représentations morales d'une société. À l'extrême opposé de notre sensibilité morale, on peut rappeler ainsi le cas anthropologiquement attesté de la tribu des Nyangatom où les infirmes et les agonisants sont déjà considérés comme morts, et traités en conséquence : on leur refuse la nourriture, et leurs râles de grabataires comateux suscitent rires et danses de la part des enfants du village [20]. Les mourants ne font déjà plus partie du cercle des humains. On le voit à cet exemple pour nous exotique, mais aussi à notre propre culture, le combat pour élargir la sensibilité morale est un enjeu de première importance, qui assurément n'engage pas les intérêts d'un seul, mais ceux d'une collectivité tout entière. Que veut dire « élargir la sensibilité morale » ? Cela veut dire changer la règle qui gouverne à la répartition des affects moralement pertinents ; modifier la ligne de partage qui sépare ce qui est justiciable d'un jugement moral de ce qui ne l'est pas. Là encore, il s'agit d'un enjeu autour de règles – des règles

20. Rapporté par Dan Sperber, qui lui-même cite là un compte rendu de Serge et Marie Tornay, Jean-Pierre CHANGEUX éd., *Fondements naturels de l'éthique,* Paris, Odile Jacob, 1994, p. 330.

qui décident de ce qui entre dans l'orbe de notre sensibilité morale. Le débat sur l'écologie gagnerait beaucoup en clarté si l'on s'avisait de voir que notre comportement à l'égard de la nature n'est pas tant lié à la question oiseuse de savoir si elle a en tant que telle des droits et lesquels, qu'à celle de décider de quel côté de cette ligne de partage elle se situe. En formulant ainsi la question, on n'a certes pas encore amorcé la réponse, mais au moins a-t-on clarifié les termes dans lesquels elle se pose ; ce qui permet d'évacuer *a priori* tous les faux débats sur la question de savoir si la nature ou les animaux ont *réellement* des droits que nous serions dès lors obligés de respecter. Il en va bien davantage, en l'occurrence, des règles sociales qui gouvernent les affects auxquels sont soumises les émotions.

Il résulte de tout cela que d'une manière générale, les conflits portant sur les règles essentiellement prescriptives peuvent être aplanis par le recours à l'accord social qui les entérine. C'est l'accord social (et non la vérité au sens de l'adéquation) qui décide que ce qui est tolérable à un moment donné – l'esclavage, le refus de la citoyenneté des femmes ou l'exploitation du tiers-monde – ne l'est plus à un autre. Ce n'est pas tant le *contenu* moral qui a changé à ces différentes étapes que la règle qui décidait *à qui* devrait s'appliquer ce contenu – la norme du respect moral d'autrui, définie en compréhension, est globalement restée inchangée, seule s'est modifiée la règle de sa définition en extension. Cela ne minimise naturellement pas l'importance de ces changements, mais situe leur lieu exact.

Dire que le déclenchement de nos émotions elles-mêmes, qui en tant que telles sont naturelles, est dépendant d'affects qui, eux, sont structurés par des règles culturelles ne revient naturellement pas à réduire la morale à des réactions affectives socialement déterminées. Il s'agit simplement de dire que ce que l'on appelle les sentiments moraux sont dans leur manifestation eux aussi tributaires de règles prescriptives qui valorisent au détriment d'autres certains affects susceptibles de les déclencher. L'essentiel est ici, encore une fois, le caractère social de cette discrimination entre ce qui est significatif du point de vue moral et ce qui ne l'est pas. C'est pour cette raison que l'on peut dire que les règles prescriptives, des règles de circulation aux « lois de l'affect », constituent des significations sociales ; et si celles-ci doivent être modifiées, c'est-à-dire les règles qui y gouvernent contestées, le conflit sera résolu à la hauteur de ce qu'exige leur normativité. La question de savoir au nom de quels principes de telles règles prescriptives doivent être édictées – utilitaristes ou déontologiques, téléologiques ou théologiques – ne peut évidemment pas être résolue *a priori* : cela fait précisément partie du débat public que d'avoir des conflits fondamentaux de ce genre. Mais dans tous les cas, l'essentiel reste la référence à l'accord social qui, implicite ou explicite, sous-tend nécessairement la validité des règles prescriptives.

Cette théorie n'a rien d'irénique, et ne postule aucune harmonie communautaire. Elle situe au contraire l'enjeu de conflits tels que Bourdieu par exemple les décrit : s'il y a enjeu, et donc conflit *social,* c'est bien parce que la normativité des règles prescriptives a sa source dans un accord social socialement contraignant – l'émergence du conflit indique seulement que cet accord est en quelque manière usurpé, et qu'il ne s'est pas conclu, ou ne peut plus survivre, *à bon droit.* La libéralisation des mœurs est l'exemple d'une pression sociale qui conteste un état des mœurs établi – qui conteste donc les règles qui définissent les comportements sociaux acceptables –, et qui à un code moral en substitue un autre, entérinant ainsi un nouvel accord social. L'important est ici que quel que soit le code adopté, celui-ci exprime toujours un accord social, avec toutes ses contraintes afférentes, et que celles-ci ont la nécessité que leur confère cet accord – nécessité qui peut être très forte, dans le cas des règles juridiques (mais le droit pénal, lui aussi, change), plus élastique dans le cas des mœurs, rigide pour les règles de circulation, etc. Aucune règle prescriptive n'a pourtant l'extrême dureté des règles mathématiques, car il fait partie de leur nature d'être motivées *en aval,* par les réalités qu'elles régulent. Leur nécessité, même forte, est donc toujours temporaire, susceptible de modifications, motivée qu'elle est par la réalité mouvante de la société à laquelle elle s'appliquent.

Le cas des règles essentiellement impératives et des règles catégorielles

N'ayant ni le caractère d'impérieuse nécessité des règles essentiellement constitutives, ni l'enracinement culturel des règles praxiques, ni le caractère socialement contraignant des règles essentiellement prescriptives, les règles essentiellement impératives se réfèrent avant tout à des situations d'interaction spatio-temporellement circonscrites. Elles ne prennent sens que dans des situations concrètes effectives qui sont à chaque fois le contexte commun de l'émetteur de l'injonction et de son destinataire. C'est dire qu'en prescrivant des obligations déterminées, les règles essentiellement impératives renvoient non à des conventions anonymes ayant acquis force de nécessité, ni à une tradition culturelle partagée, ni encore à des lignes de conduite socialement admises, mais à un face-à-face réel entre les sujets de l'interaction. Les trois manières de contester une injonction que l'on peut envisager se réfèrent toutes trois directement à cette situation d'interaction : le contexte objectif à la réalité spatio-temporelle de cette situation, le contexte normatif à sa réalité normative (savoir par exemple si quelqu'un est autorisé ou non à donner un ordre), le contexte subjectif à la réalité subjective des parties prenantes telle qu'elle existe à ce moment-là. En conséquence, la contestation d'une injonction est nécessairement liée à ces différents contextes de l'interaction, et, si la contestation porte sur le contexte normatif, au type de relation concrète existant entre les sujets de l'interaction. La normativité des règles essentiellement impératives émane donc à chaque fois d'une situation particulière qui leur confère leur signification propre et à laquelle on se réfère pour les contester.

Ainsi, un conflit portant sur des règles essentiellement impératives se résorbe avant tout dans une interaction directe finalisée par l'entente, si celle-ci peut avoir lieu. Il n'y a pas ici de recours possible à l'apprentissage de règles constitutives, à la réalité expériencielle, à l'invocation de sanctions sociales ou de canons de justesse ; l'instance de recours première est l'interprétation de la situation elle-même, situation structurée par les trois contextes évoqués. Dans cette mesure, le conflit se résout – s'il se résout – d'abord par une mise en accord des interacteurs sur les interprétations litigieuses des différents contextes évoqués ; plus que tout autre conflit, celui portant sur les règles essentiellement impératives renvoie à l'entente *directe* des parties prenantes. Certes, le conflit portant sur les règles essentiellement constitutives activait lui aussi une intersubjectivité directe, mais c'était sur le mode unilatéral du contrôle ; de plus, la résorption du conflit se faisait d'abord par référence à une instance médiatrice, la règle constitutive, qui était l'instance tierce à laquelle on devait faire recours (« Apprends la règle ! »). Ici au contraire, l'aplanissement du litige se fait sur le mode présomptivement symétrique de l'entente ; il se déroule en outre sans l'intermédiaire d'une instance tierce fonctionnant comme le « roc ultime » du « C'est comme ça ». En d'autres termes, contrairement à ce qui se passe pour les autres types de règle, la contrainte normative ne vient pas ici « de plus loin », comme le dit Ricœur, que les actions ponctuelles, mais c'est la situation elle-même qui la détermine, comme le révèlent les modes de critiquabilité de l'injonction.

Quant aux règles catégorielles, elles sont, au contraire des règles essentiellement impératives, si générales que leur contestation est un événement intellectuel rare, qui se concrétise le cas échéant par ce que Kuhn appelle un « changement de paradigme ». Il est vrai que Kuhn distingue les « règles » des « paradigmes », les premières dérivant des seconds mais ne les recouvrant pas : « Les règles, me semble-t-il, dérivent des paradigmes, mais les paradigmes peuvent guider la recherche même en l'absence de règles [21]. » Les paradigmes ont pour Kuhn davantage un rôle de révélateur de la réalité, en donnant à voir des faits qu'un paradigme anté-

21. Thomas S. Kuhn, *La Structure des révolutions scientifiques,* trad. de Laure Meyer, Paris, Flammarion, coll. « Champs », 1983, p. 70.

rieur ne relevait pas comme pertinents ; les règles, elles, sont plutôt leur mise en pratique, dans l'enseignement et la recherche, par la communauté des scientifiques. Mais si l'on s'en tient à notre concept de règle, on voit qu'il s'agit là davantage de deux types de règles différents que d'entités catégoriellement distinctes : car bien que les paradigmes soient « antérieurs, plus contraignants et plus complets que n'importe quel ensemble de règles que l'on pourrait en abstraire sans équivoque [22] », il n'en reste pas moins que « les paradigmes guident la recherche par modelage direct tout autant que par l'intervention de règles abstraites [23] ». Ce « modelage direct » est une façon commune et tacite de résoudre des problèmes – ce sont des règles non formulées, sur fond desquelles surgissent et se résolvent des énigmes, mais des règles tout de même, dont le changement est précisément la marque de révolutions scientifiques suscitées par les « anomalies » répertoriées par la « science normale ». De tels événements sont hautement instructifs, en ce qu'ils témoignent que même des règles aussi englobantes que celles de la constitution de l'expérience et de l'organisation du monde (qui sont le degré le plus général de l'inculcation au sens de Bourdieu) ont leur normativité propre qui les soustrait au pur empire de la positivité auquel elles semblent ressortir.

22. KUHN, 1983, p. 75.
23. *Ibid.*, p. 77.

L'aplanissement de tels conflits – en l'occurrence « le conflit entre des écoles concurrentes de pensée scientifique [24] » –, lorsqu'ils ont lieu, est l'affaire de la communauté des chercheurs, qui résiste d'autant plus fort à des modifications de ce genre qu'elle sait bien qu'elles remettent en question les fondements mêmes de ses représentations scientifiques. Mais là aussi ne peut-on changer *toutes* les règles, et Kuhn dramatise à tort ce type de conflits en considérant que deux paradigmes (ceux de Newton et d'Einstein par exemple) sont « fondamentalement incompatibles [25] », comme sont « incommensurables [26] » les visions du monde qu'ils charrient ; car il doit bien y avoir un point où les règles qui les régissent puissent être compatibles, ne serait-ce que pour voir qu'il en va là de deux paradigmes *scientifiques,* c'est-à-dire – comme Kuhn le concède lui-même ! – de deux manières de regarder le *même* monde [27]. Quoi qu'il en soit, la généralité des règles catégorielles ne condamne pas celles-ci à la pure positivité ; elles sont au contraire l'enjeu de conflits fondamentaux quant à leur validité respective, conflits qui se résolvent le plus souvent au sein de la communauté des chercheurs qui, s'il y a lieu, peut et doit tester

24. *Ibid.,* p. 138.
25. *Ibid.,* p. 141.
26. *Ibid.,* p. 158.
27. *Ibid.,* p. 181.

la pertinence empirique et théorique des modèles concurrents.

Ce type d'événements intellectuels que sont les « révolutions scientifiques », consacrées par des « changements de paradigme », dessille en quelque sorte le regard, faisant apparaître le caractère « disciplinaire » des catégories qui jusqu'alors étaient marquées du sceau de l'évidence ; ce qui était non questionné devient à son tour problématique, ce qui allait de soi est remis en question, révélant par là même la normativité de ce qui était considéré jusque-là comme « naturel ». À d'anciennes règles se substituent de nouvelles, et il n'en va pas ici différemment d'ailleurs : entériner de nouvelles règles présuppose toujours un accord intersubjectif à la hauteur de ce qu'impose la normativité de cette règle.

Quelles que soient les règles considérées, la force heuristique du conflit réside donc en ce qu'elle active la dimension de normativité de celles-ci, normativité qui inévitablement renvoie à un type d'intersubjectivité spécifique. Les règles essentiellement constitutives renvoient à la communauté des utilisateurs de ces règles, les règles essentiellement prescriptives à la communauté sociale sur l'accord de laquelle elles reposent, les règles praxiques à la communauté culturelle des héritiers d'une tradition, les règles essentiellement impératives à la communauté d'interaction que définit la situation, les règles catégorielles enfin à la communauté de ceux qui, pour parler ici avec Foucault, partagent une même « épistémè », c'est-à-dire les mêmes catégories générales d'appréhension de soi et du monde se traduisant dans ce que Kuhn appelle les paradigmes scientifiques. (Les règles techniques sont sous ce rapport à considérer quelque peu à part, étant donné le rapport d'adéquation qu'elles entretiennent avec la réalité : ce n'est pas tant un accord qui y fait prioritairement loi, que le réel auquel elles s'appliquent.) Ces différents types d'intersubjectivité concrète constituent en même temps, à chaque fois, la source de la normativité de la règle considérée, car ce sont eux qui représentent en quelque sorte l'*instance de recours* en cas de contestation de la validité de la règle, et donc aussi l'instance de résolution des conflits. Wittgenstein résumait (c'est ainsi en tout cas que le comprenait Kripke) le mode d'exercice de cette intersubjectivité au *contrôle* : fort de son expérience d'enseignement des mathématiques et ne prenant en compte que le cas des règles essentiellement constitutives, il a avant tout considéré, dans ses développements des *Investigations* concernant la règle, le modèle apprentissage/contrôle/correction. Mais on voit bien maintenant que ce n'est là que l'une des dimensions dans laquelle se manifeste l'intersubjectivité, qui plus est liée à un seul type de règles : contester une injonction ou révolutionner l'art pictural, ce n'est pas commettre une faute au sens d'une erreur de calcul. À chaque (idéal)type de règles correspond ainsi un mode spécifique (idéal-typique) d'exercice de l'intersubjectivité : pour les règles essentiellement constitutives, la communauté correspondante se manifeste sur le mode intransigeant du dressage et du contrôle ; pour les règles essentiellement prescriptives, sur le mode contraignant de la sanction sociale (que l'on pense aux infractions au code de la route ou aux manquements à l'étiquette) ; pour les règles praxiques, sur le mode évaluatif de l'approbation/désapprobation ; pour les règles essentiellement impératives, sur le mode hiérarchisé de l'autorité ; pour les règles catégorielles, sur le mode tacite de l'accord commun, entériné le cas échéant par la communauté des chercheurs. Mises en œuvre de façon simplement mécanique, toutes ces règles ne révèlent pas la source de leur normativité, ni *a fortiori* ne thématisent le mode d'exercice de l'intersubjectivité qui leur correspond, entièrement absorbées qu'elles sont par la positivité sur le mode de laquelle elles se manifestent. C'est le conflit qui révèle au contraire ce qu'il y a de normatif ou de disciplinaire dans chacune de ces règles, en contestant tel ou tel aspect de leur validité, validité qui est par là même arrachée à la pure facticité de ce qui vaut parce que c'est le cas. Ce faisant, il permet aussi de déterminer le niveau de l'intersubjectivité concrète auquel la normativité de la règle prend sa source et à la hauteur duquel un conflit doit, le cas échéant, être résolu.

L'ensemble de cette analyse doit permettre maintenant de livrer une définition complète du concept de « médiation ». J'ai tenté une typologie des règles qui rende compte à la fois de la diversité de leur nature, analysée au fil d'une détermination de ce qu'à chaque fois elles constituent et prescrivent, et de leur spécificité normative que révèle le type de conflits auxquels elles peuvent donner lieu. Ces conflits activent la source de la normativité de la règle – c'est-à-dire l'intersubjectivité concrète constituant la communauté au niveau de laquelle le conflit peut être résolu –, normativité qui reste enfouie sous la chape de positivité dont la recouvre leur inculcation. *La médiation, c'est cette part essentielle que la règle doit à l'intersubjectivité,* que ce soit sous la *forme inactivée que lui confère le mode mécanique de son exercice* (la positivité telle qu'elle s'éprouve dans le dressage, le contrôle social, l'évaluation, l'autorité ou l'accord commun), ou sous la *forme activée que réveille le conflit* en défactualisant sa validité.

Le chemin a été maintenant balisé pour aborder la question centrale de la constitution du point de vue moral selon le paradigme de la médiation.

3.

Le principe de médiation

Parler de normativité de la règle permet de décloisonner radicalement le domaine de la morale. Les catégories métaéthiques traditionnelles – éthique déontologique, éthique téléologique – sont impropres à qualifier désormais ce que recouvre la morale de la médiation. Il appert en effet que la morale n'est pas tant liée à tel ou tel objet (le juste, le bien) qu'à *la résolution des conflits en général.* Dès lors que la normativité de la règle est activée par le conflit, que la force heuristique de celui-ci réside donc dans sa capacité à manifester le niveau de l'intersubjectivité concrète où s'enracine l'accord qui les valide, c'est le conflit en tant qu'il manifeste des aspirations divergentes qui devient l'enjeu par excellence de la morale. Un conflit moral n'est pas nécessairement un conflit à propos de tel ou tel objet spécifique – la maximisation du bien-être, le juste, le bien, etc. –, mais tout conflit a une dimension morale dans la mesure où il met en jeu, en élevant des *prétentions à la reconnaissance d'aspirations divergentes,* la normativité d'une règle, quelle qu'elle soit. Une telle perspective ancrée dans une pragmatique de la médiation ouvre en réalité à une refonte radicale de la définition de la morale : en distribuant ainsi la morale sur l'ensemble des litiges où sont en jeu des prétentions à la reconnaissance d'aspirations divergentes, la morale de la médiation prend pour objet *la normativité elle-même,* c'est-à-dire cette dimension inhérente à *toute* règle où se trouve mise en question sa validité. Cela veut dire qu'il n'y a pas de raison *a priori* de considérer comme moraux les débats concernant *certaines* règles seulement (celles qui concernent le juste, le bien, etc.) ; si par exemple, une minorité culturelle estime ne pouvoir préserver son identité qu'au prix de l'affirmation forte de certaines valeurs ; si ces valeurs sont *prima facie* incompatibles avec celles de la culture dominante ; alors le débat de reconnaissance réciproque est un débat sur les *règles* que les parties concernées estiment pouvoir ou devoir adopter avec pour enjeu *la part d'identité que recouvrent les aspirations en question.* C'est en cela que c'est un débat moral : non en raison du point d'application des règles (la coexistence de systèmes de valeurs différents), mais *du fait même* que c'est un débat sur des règles où se confrontent des prétentions à la reconnaissance d'aspirations divergentes, mettant ainsi en jeu la parcelle d'identité des personnes que recouvrent les aspirations concernées.

Mais qu'a-t-on gagné à décloisonner ainsi radicalement le domaine de la morale, jusqu'à l'identifier à la résolution des conflits en général en tant que ceux-ci ont trait à l'identité des personnes concernées ? De toute évidence, la morale de la médiation, tout entière centrée sur la notion de règle et de normativité qu'elle recèle, n'est pas à même de fournir une nouvelle règle substantielle capable d'orienter le comportement. Elle n'est pas non plus en mesure de définir un bien suprême chargé de déterminer la volonté, ni d'imposer un devoir auquel il faudrait se conformer. Encore moins est-elle susceptible de fournir un critère matériel – tel l'utilité – au nom duquel telle action ou maxime d'action devrait être jugée préférable à d'autres, ni du reste un critère formel qui, à l'instar de l'impératif catégorique, permettrait de tester pour soi-même si une maxime est digne de participer au règne des fins. L'analyse effectuée jusqu'ici ne permet rien de tout cela ; elle aimerait même, par rapport à toutes ces hautes prétentions, opérer délibérément un effet de déflation.

Ni une norme substantielle, ni un bien suprême, ni un critère matériel ou formel – qu'est donc en mesure d'offrir la morale de la médiation ? L'analyse des pratiques humaines en termes de règles, puis l'analyse des conflits en termes de conflits sur les règles, ont permis de situer le lieu de l'intersubjectivité concrète propre aux pratiques dans cette part de médiation que recèle toute règle, que ce soit sur le mode de la factualité de son exercice ou sur celui de la normativité que révèle le conflit.

C'est là une thèse descriptive portant sur ce que j'ai appelé la pragmatique de la médiation : elle permet à la fois de désigner le lieu où se concrétise la relation intersubjective inhérente aux pratiques (les règles), et l'enjeu que recèle un conflit moral sur ces pratiques (l'aspiration à la reconnaissance de prétentions litigieuses). Ces deux points étant acquis, il est essentiel de voir qu'il ne représentent pas seulement la *description* de ce qu'est la pragmatique de la médiation, mais qu'ils permettent *par là même* de constituer *le point de vue moral* à partir duquel une pratique, c'est-à-dire une règle y présidant, pourra être dite légitime. Un *point de vue* moral, ce n'est ni un principe déterminant par soi la volonté, ni une norme qui ordonne une action, ni un critère de choix permettant la décision entre des normes concurrentes ; le point de vue moral se limite à déterminer *la perspective à partir de laquelle une règle litigieuse pourrait être dite légitime.* La performance propre de la morale de la médiation consiste en la détermination de ce point de vue, c'est-à-dire en la détermination conceptuelle de ce que validité veut dire. Cette explicitation est le noyau de la morale de la médiation, qui s'appuie sur la normativité de la règle pour établir les critères de sa validité. L'analyse faite plus haut nous a appris que la normativité d'une règle variait selon le type de celle-ci, et qu'un conflit devait être résolu à la hauteur de ce que requérait, précisément, sa normativité. *C'est là le point de vue moral lui-même,* exprimé dans le principe de médiation :

TOUT LITIGE PORTANT SUR UNE RÈGLE DOIT POUVOIR ÊTRE RÉSOLU AU NIVEAU DE NORMATIVITÉ QU'IMPOSE LA NATURE DE CETTE RÈGLE.

Tel est le point de vue normatif que permet d'établir le paradigme de la médiation. Comme on le voit, le principe de médiation est taillé à la mesure des conflits : c'est là un réquisit important pour une morale que Habermas appellerait postmétaphysique : car il ne s'agit plus d'imposer à quiconque une vision morale du monde, ni de distinguer comme normativement pertinentes telles qualités ou caractéristiques morales sélectionnées sans raison contraignante parmi une foule d'autres possibles ; il s'agit au contraire, à l'âge de la pluralisation des prétentions aspirant à reconnaissance, de trouver un point de vue tel qu'il puisse rendre possible leur coexistence. Face à une telle pluralisation, les visions morales du monde apparaissent en effet en retrait du défi qu'elle impose à la raison pratique, réprimant *a priori* certaines prétentions comme illégitimes, appuyées qu'elles sont par définition sur certains principes substantiels.

L'exemple de l'avortement peut à cet égard être considéré comme paradigmatique ; regardons-y donc de plus près. La chose est claire dans le cas de sa prohibition : l'interdiction de l'avortement – norme substantielle s'il en est – ignore *a priori* les prétentions contraires, ce qui se traduit parfois par des prémisses pour le moins problématiques, sinon paradoxales : par exemple, que l'on préfère prendre en considération les intérêts d'un être à venir, non encore capable ni de souffrir, ni *a fortiori* de faire valoir ses aspirations, que d'accéder à ceux, bien réels et actuels, d'une mère en détresse. La contradiction a une autre facette, qui met en évidence l'ambiguïté foncière du concept de personne que peuvent faire valoir les opposants à l'IVG : alors que l'on s'accorde désormais à tenir le critère de la mort cérébrale pour le critère définissant la mort, ils plaident pour le droit à la vie d'un être qui n'a pas encore la moindre trace de cerveau. Mais il ne s'agit pas ici de dresser un argumentaire que d'autres ont établi avec soin [1] ; il s'agit plutôt de montrer qu'en imposant des normes substantielles, les visions morales du monde refusent *a priori* l'accession à la reconnaissance de prétentions existantes.

Le cas de la légalisation de l'IVG est plus complexe, car celle-ci n'impose évidemment pas une norme contraignante, mais s'abstient au contraire de toute prise de position coercitive ; à

1. Anne FAGOT-LARGEAULT fait un relevé détaillé des principales positions philosophiques à ce sujet dans un article qui reste de référence : Anne FAGOT-LARGEAULT et Geneviève DELAISI DE PARSEVAL, « Les droits de l'embryon (fœtus) humain, et la notion de personne humaine potentielle », *Revue de métaphysique et de morale,* 1987, numéro spécial bioéthique ; le même article (avec un appareil de notes simplifié) a été publié dans *Esprit* : « Qu'est-ce qu'un embryon ? », *Esprit,* juin 1989.

ce titre, elle paraît plus libérale, donc normativement plus conforme à la pluralisation des intérêts aspirant à être reconnus, puisqu'elle autorise l'expression de certains intérêts auparavant exclus sans en réprimer d'autres. Il n'est pas indifférent à cet égard que la loi (telle qu'elle existe en France depuis 1975) n'érige pas en droit subjectif un quelconque *« droit à l'avortement »,* mais ne fasse que dépénaliser « cet acte en cas dûment établi de détresse de la femme enceinte, de menace directe pour la santé ou d'incurable affection d'une particulière gravité touchant l'embryon [2]. » Cela laisse ouvert l'espace normatif clos par la prohibition, sans tomber dans la symétrique inverse d'un « droit à disposer de son corps » : la dépénalisation n'entérine pas l'acquisition d'une nouvelle liberté individuelle fondamentale.

Néanmoins, même prudente, la légalisation de l'avortement repose elle aussi sur des présupposés ontologiques, donc sur des considérations substantielles que ses adversaires ont beau jeu de dénoncer. Anne Fagot-Largeault l'a montré : quelles que soient les précautions prises – notamment en termes de limites temporelles au-delà desquelles l'avortement (de même que l'utilisation d'embryons aux fins de recherche) n'est plus toléré –, elles traduisent toujours, quoi qu'elles en aient, une prise de position ontologi-

2. Lucien SÈVE, *Pour une critique de la raison bioéthique,* Paris, Éd. Odile Jacob, 1994, p. 124.

que – ce qui explique l'importance, dans cette perspective, de pouvoir déterminer des *seuils* à partir desquels on peut attribuer à l'embryon la dignité d'une personne. Il s'agit, globalement, d'une « ontologie progressive, en accord avec l'intuition toute simple et commune que l'être embryonnaire est un être en développement, et qu'à l'égard d'une cellule vivante, puis d'un fœtus de cinq mois, puis d'un enfant de cinq ans, nos obligations morales ne sauraient être les mêmes [3] ». On voit de la sorte qu'autoriser l'avortement est loin de représenter une position anthropologiquement ou ontologiquement neutre : présupposant au contraire les termes d'une ontologie progressive, elle masque une décision substantielle qui prête facilement le flan aux critiques de ses adversaires ; ce qui ne leur donne évidemment pas raison *a priori,* mais révèle l'ambiguïté du libéralisme dont se targuent les premiers. Une position authentiquement procédurale, en revanche, accomplira réellement le découplage, souhaité mais non réalisé par les tenants officiels de la libéralisation, entre ontologie et éthique.

L'aporie d'une loi sur l'avortement provient de ce que toute prise de position implique des prémisses substantielles que ses adversaires peuvent contester à bon droit au nom de prémisses substantielles autres. Les bonnes raisons n'ont que le poids que leur confère la conviction,

3. *Esprit, op. cit.,* p. 110.

et c'est bien là la difficulté majeure à laquelle se heurte toute tentative de renouer un lien entre ontologie et éthique. Il est douteux que l'on puisse jamais s'accorder sur l'une ou l'autre des positions aussi principiellement divergentes que celles qui opposent les tenants de la thèse « biologiste » à ceux de la thèse « éthique », et les deux à ceux d'une « ontologie progressive » ; car aussi bien informées soient-elles d'un point de vue scientifique, chacune de ces trois positions se heurte au problème qui, lui, est de nature non scientifique, de savoir quels sont les critères *pertinents* permettant de définir la personne humaine. La détermination de tels critères, même si elle doit être empiriquement informée, n'est en effet pas une question prioritairement scientifique, parce qu'il n'en va pas là de la découverte d'un *fait* du monde objectif qui permettrait d'attribuer à un individu biologique la qualité de personne humaine, mais de *l'adoption d'une règle érigeant tel ou tel fait en critère pertinent de l'acquisition de la qualité de personne.* Il ne s'agit donc pas de découvrir un fait imposant par soi le respect, mais d'adopter une règle déterminant que tel fait mérite le respect. Les deux tâches sont distinctes : établir la liste des faits candidats à valoir comme critère discriminant est une tâche d'*information scientifique,* adopter la règle érigeant un tel fait en critère pertinent de la définition de l'humain est une tâche relevant d'un *accord social.* La question se déplace ainsi de celle de la détermination d'une nature de l'humain vers celle d'une entente sur ce qui est digne de respect.

Lucien Sève a soumis les définitions substantielles ou substantialistes de la personne à une critique convaincante. Mais dans son souci de rétablir la personne dans sa dimension essentiellement sociale, Sève abandonne en fait aux « processus civilisateurs »[4], à l'*éthos* en tant qu'il exprime quelque chose de la « volonté humaine commune[5] », le soin d'établir ce que le concept de personne peut avoir de normatif, et de définir ce qui le constitue en être digne de respect. La personne n'est plus alors une substance, mais un « rapport d'essence sociale qui s'objective dans des pratiques, institutions et représentations spécifiques[6] ». C'est l'éthos qui définit la respectabilité de la personne.

Contre la logique floue d'un éthos par soi civilisateur dans lequel se cristallise, pourrait-on dire, la notion de personne définie comme être digne de respect, il faut dire ceci : tant la définition en compréhension de la personne – *qu'est-ce* qu'une personne – que sa définition en extension – *qui* mérite d'être nommé personne – est une question de *règle sur laquelle il faut s'accorder*. C'est ce que révèlent, me semble-t-il, les cas limites de la vie commençante et de la vie finissante : là où se brisent les évidences

4. SÈVE, *op. cit.*, p. 75.
5. *Ibid.*, p. 74.
6. *Ibid.*, p. 82.

acquises dans le quotidien, là où des entités habituellement non questionnées deviennent ce que Platon appelle des « objets provoquant l'examen[7] », parce que requérant un jugement, les bases empiriques se dérobent, qui pourraient certifier ce jugement. Ce n'est pas qu'on n'ait plus d'informations, c'est qu'on en a trop ; et que faire, dans ce marais où le jugement perd pied, sinon réactiver la force de l'entente sur ce qu'aucun fait d'évidence ne peut plus imposer ? Nous ne sommes plus dans cette situation où Platon, précisément, pouvait en confiance s'en remettre à la force rationnelle de la dialectique pour aboutir tout de même, malgré tous les embarras de la pensée captive, à la vérité du jugement garantie par la contemplation de l'essence de chaque chose, puis de l'essence du Bien, terme de l'intelligible. (532 a-b.) Si l'essence de ces choses nous échappe, tels les embryons et les mourants, le désarroi dans lequel ces cas limites plongent la conscience commune, mais aussi les consciences médicale et juridique, n'en représentent pas moins, en réalité, une *chance* pour la pensée morale : il est en effet l'occasion de réactiver la dimension d'entente qui est inhérente à la normativité de toute règle, et d'édifier en ces domaines des normes sur les seules bases endogènes de ce que cette normativité elle-même requiert. Ce désarroi imposé par les circonstances révèle en quelque sorte par défaut que la

7. PLATON, *La République,* VII, 523 b. (Trad. Baccou.)

seule base normative stable que l'on puisse donner à la validité est l'entente. Tel est l'effet de déflation qu'opère le modèle de la médiation.

Qu'il faille s'accorder n'implique toutefois pas, répétons-le, qu'il y ait eu réellement accord ; si l'on peut invoquer ici la notion de contrat social, on ne doit le faire que sous la forme résolument déjuridifiée, déconcrétisée, dédramatisée d'un contrat qui n'a jamais été passé, mais dont la force normative implicite réside en ce qu'il pourrait, pour chaque règle, l'être ; « contrat social » n'est qu'une expression concrétiste, imagée, dont la force heuristique est toutefois de révéler ce que chaque règle doit à l'intersubjectivité concrète qui la rend valide. Le contrat social n'est qu'une métaphore exprimant ce fait philosophique fondamental que les pratiques humaines régies par les règles ne prennent corps et ne valent que par l'intersubjectivité qui nécessairement les sous-tend, même si cette intersubjectivité n'est pas à chaque fois, loin s'en faut, portée à expression. Ainsi, la définition de la personne et du respect qui lui est dû fait partie de ces règles sociales implicites qui appartiennent à la précompréhension de ce que l'on sait depuis toujours et qui, dans les situations « normales », font l'objet d'un accord tacite non problématisé. Or, dans une période de crise telle que celle que marque l'avènement des sciences biomédicales, ces définitions perdent précisément leur caractère d'évidence – ce qui veut dire que les règles qui les expriment sont *problématisées,* par quoi est *ipso facto activée* la force normative qui leur est inhérente. Poser ce débat en termes de règles contribue grandement à le clarifier et par là même à le transformer : dès lors que l'on voit en effet que l'« éthos » lui-même ne saurait s'exprimer que par et dans des règles, cela modifie radicalement le *type* de question que l'on se pose à chaque fois à propos de tel ou tel problème litigieux. La question n'est plus, en l'occurrence, de savoir ce qu'*est* ou doit être l'homme pour être digne de respect (question anthropologique), mais : *sur quelle règle voulons-nous nous accorder pour exprimer la qualité de ce qui est respectable ?* La différence peut au premier abord paraître mineure, car la deuxième formulation ne fait somme toute qu'expliciter ce à quoi la première aboutit de toute façon, à savoir l'énoncé d'une règle exprimant la compréhension et l'extension de ce qui est respectable. Car, et c'est cela que j'aimerais en premier lieu faire voir, c'est bien une *règle* que l'on énonce lorsqu'on invoque par exemple la célèbre formule de Kant : « Le respect ne s'adresse jamais qu'à des personnes, en aucun cas à des choses [8] » : de telles propositions expriment, pourrait-on dire, la *règle d'usage* du concept de respect, défini ici en extension. Ce que ces formules proposent, c'est à chaque fois une règle dé-

8. *Critique de la raison pratique,* in *Œuvres philosophiques II,* Gallimard, « Bibl. de la Pléiade », 1985, p. 701.

finissant la dignité, règle qui, au même titre que toutes les règles, *n'exprime pas un fait vérifiable ou falsifiable,* mais énonce une *proposition susceptible d'être acceptée.* S'il y avait un fait, au sens des sciences empiriques, qui imposât par lui-même le respect, il n'y aurait évidemment pas litige, puisqu'on aurait aussi peu de raison de le nier que de nier que la terre est ronde, et le problème ne serait plus un problème moral. Ce fait s'énoncerait sous une forme du type : « À partir de tel moment, et en vertu de tel fait, l'embryon est digne de respect. » Mais il faut s'y résoudre : il n'y a pas de tel fait, et il est douteux qu'il y en ait jamais, car un tel fait ne peut avoir que la valeur qu'on lui accorde, ce qui veut dire : il n'impose le respect *que si l'on s'accorde sur la règle qui l'élève au rang de ce qui est respectable.* Il n'y a pas de faits moraux, il n'y a que des règles élevant certains faits à la dignité de faits moraux.

La tentation est certes constante de chercher à identifier le critère substantiel imposant le respect – mais c'est là se fourvoyer, et poser mal le problème. Car le critère substantiel que l'on invoque à titre d'argument (par exemple : le moment de la fécondation parce que le génome est déjà là ; l'apparition du système nerveux parce qu'elle implique possibilité de souffrance ; l'acquisition de l'autonomie, parce que c'est elle qui fait de l'individu biologique un sujet moral, etc.), ce critère substantiel ne peut avoir que l'autorité qu'on lui accorde, c'est-à-dire qu'il ne peut être un argument décisif que si l'on a *déjà* décidé que ce qui est respectable, c'est le génome, la capacité de souffrir ou l'autonomie morale. Pour le dire en termes plus généraux : *c'est parce qu'ils sont transmués en règles que des arguments prennent la force normative qu'ils n'ont pas par eux-mêmes ;* et c'est une fois établi l'accord sur les règles que celles-ci constituent le critère de moralité pour la question considérée.

Conformément au point de vue moral de la morale de la médiation, tout conflit doit pouvoir être résolu au niveau de normativité qu'impose la nature de la règle litigieuse. Dans le cas de l'avortement, le premier pas – décisif – consiste à reconnaître qu'il en va là, en réalité, de l'accord sur une règle, et non sur des faits ; le deuxième, à voir que la règle porte sur l'identification, en compréhension et en extension, de ce qui est respectable ; le troisième enfin, à reconnaître qu'en l'absence de faits imposant par soi le respect, seul l'accord sur une règle déterminant le respectable peut aplanir un conflit de manière normativement satisfaisante – sauf, naturellement et comme dans tous les cas de conflit, à faire violence à certaines aspirations en présence et donc aux personnes qui les défendent. Il faut donc partir du fait qu'*il ne s'agit pas d'imposer une vision morale du monde,* mais d'*assurer la juste résolution des conflits* entre des personnes ayant des aspirations divergentes. Car ce n'est qu'au prix d'une improbable homogénéité axiologique que tous pourraient s'accorder sur une norme substantielle légiférant l'avortement. Si tous étaient d'accord, il n'y aurait pas de problème – il faut même dire : là où tous sont d'accord (là où la normativité de la règle n'est pas activée par un conflit), il n'y a effectivement pas de problème moral. Un problème moral ne surgit que là où des aspirations à la reconnaissance d'intérêts sont réprimées avant même qu'elles aient pu se faire valoir.

En conséquence, une morale à la hauteur des défis modernes où, en l'absence de toute homogénéité axiologique, aucune vision morale du monde ne peut valoir *a priori,* ne peut que se limiter à la modeste tâche d'assurer une juste régulation des conflits. Ainsi, au niveau d'une législation nationale sur l'avortement (mais ceci vaudrait évidemment aussi pour une législation supranationale), la question ne se pose pas tant dans les termes substantiels de son autorisation ou de son interdiction que dans ceux, procéduraux, d'une *garantie assumée d'offrir la possibilité de s'accorder sur une règle.* Il s'agit donc d'offrir, et même d'imposer les cadres juridiques d'une médiation équitable entre des aspirations qui ont au départ la présomption de légitimité ; il appartient ensuite aux concernés – c'est-à-dire au cercle de ceux qui aspirent à la reconnaissance, puis le cas échéant à la satisfaction de leurs revendications – de donner corps à cette médiation, en adoptant telle règle qui satisfasse leurs aspirations et, à travers elles, leur personne. Toute autre conception que procédurale réprime nécessairement et *a priori* certains intérêts (et donc : les personnes en tant qu'elles sont porteuses de ces intérêts), dont on ne peut pourtant pas simplement préjuger, sous les conditions de pluralisation qui prévalent aujourd'hui, qu'ils n'ont pas voix au chapitre.

Concrètement, cela revient non à légiférer dans un sens substantiel, mais à requérir à chaque fois des procédures de médiation : de la sorte, la légitimité d'une décision ne résultera pas de son adéquation à une fin donnée d'avance, mais de l'établissement intersubjectif, cas par cas, d'une règle au niveau de normativité qui est le sien, c'est-à-dire par le cercle de tous les concernés. La morale de la médiation assume la modestie de sa teneur, et revendique cette désubstantialisation qu'on ne peut lui reprocher que si l'on conçoit la morale comme un système de normes devant valoir en vertu d'une certaine réalité qui la motiverait. Mais de solutions substantielles, la morale de la médiation n'en a pas à offrir ; elle ne peut pas dire si l'œuf humain est respectable dès sa fécondation, ou si l'on a affaire à une personne à la seule condition que se manifeste une certaine autonomie – toutes positions à l'appui desquelles peuvent être invoquées des raisons plausibles, mais dont aucune ne peut prétendre valoir comme décisive. Cette apparente démission devant les questions qui attendent pourtant le plus leur réponse n'en est pas une : cette désubstantialisation assumée est une force au contraire, dont le principe est de permettre *aux acteurs eux-mêmes de s'approprier leur espace normatif.* Toute figure de pensée qui sous une forme ou sous une autre décrète un critère substantiel de moralité dépossède les acteurs de leur espace normatif en leur imposant une vision morale du monde au nom d'un accès privilégié à la vérité morale.

Dans l'exemple qui nous occupe, une juste prise en compte du point de vue moral établi par la morale de la médiation revient à confiner l'État ou le détenteur de la compétence juridique au seul rôle de garantir un cadre procédural qui assure la légitimité de l'adoption d'une règle au niveau de normativité qui est le sien. Il ne s'agit ni d'autoriser, ni d'interdire l'avortement – ce qui oblige l'État à une prise de position substantielle qui aura toujours de bonnes raisons contre elle –, mais de garantir les conditions de légitimité d'une prise de décision dont la moralité ne peut plus être mesurée à son adéquation à tel ou tel contenu prédonné ; son rôle est donc de garantir institutionnellement la mise en place et le fonctionnement de procédures de consultation au cours desquelles personne – ni le médecin, ni la mère, ni le cercle familial, ... – ne peut prétendre *a priori* détenir la clef de la vérité. C'est là la seule façon de rendre justice de la pluralisation des intérêts en présence, sans en exclure *a priori* aucun. Dans l'établissement d'une règle, seul un *accord* entre des revendications plurielles et parfois contradictoires peut faire loi.

Il faut donc bien mesurer la distance qui sépare la dépénalisation de l'avortement de la stricte procéduralisation des décisions le concernant. La différence fondamentale réside en ce que la première invoque encore une certaine ontologie de la personne (une ontologie progressive se réclamant de seuils différenciés de personnalisation), alors que la deuxième s'abstient expressément de toute prise de position ontologique – accomplissant de la sorte le découplage entre ontologie et éthique –, *sans toutefois nier qu'on puisse, voire qu'on doive établir un tel lien dans la perspective d'une prise de position nécessairement substantielle* (avorter ou ne pas avorter). Une morale authentiquement procédurale doit assumer jusqu'au bout le caractère de *règle* des normes que l'on adopte dans un cas comme celui de l'avortement : cela veut dire que la légitimité d'une décision dépend de l'accord des concernés au niveau de normativité correspondant – la légitimité est donc assurée non, de manière exogène, par la conformité à une ontologie prédonnée, mais, de manière endogène, par ce qu'impose la normativité de la règle elle-même –, ce qui n'exclut en aucun cas que l'accord lui-même puisse se faire sur des bases ontologiques partagées. La morale de la médiation n'exclut donc pas que l'on puisse établir un lien entre ontologie et éthique, mais elle refuse absolument de *faire de ce lien le critère de la validité* : la validité est assumée par *l'accord sur une règle,* fût-elle ontologiquement motivée aux yeux des concernés, et non par la *conformité* d'une règle à un contenu ontologique à laquelle elle devrait se plier. La simple dépénalisation de l'avortement, elle, se contente d'élargir par en haut, si l'on peut dire, c'est-à-dire par ce qui est légalement admis, le champ de ce qui est légitime, ce qu'elle ne peut faire qu'au nom d'une ontologie plus tolérante, mais d'une ontologie encore. Pour le dire d'une formule : une morale authentiquement procédurale désubstantialise la validité, sans pour autant nier que pour les concernés, la validité puisse être substantiellement fondée ; au lieu que pour une position dite libérale (dépénalisation), la validité reste une question de conformité substantielle à une réalité exogène.

Certes, dira-t-on, mais pour ce qui concerne l'avortement, sous couvert de procéduralité, on a pris la décision hautement substantielle de « privatiser » l'avortement, en abandonnant à ceux qui sont à chaque fois concernés le soin de définir ce qui, pour eux, est respectable. Or, présupposer que la définition du respectable est une affaire privée est non seulement contre-intuitif d'un point de vue sociologique – une communauté ne se définit-elle pas prioritairement par l'adhésion à des valeurs communes, au rang desquelles se compte aussi la définition de ce qui est respectable ? –, mais pourrait encore se révéler dommageable pour cette communauté elle-même, voire pour l'humanité entière – si le taux de natalité suivait par exemple une inexorable courbe descendante. Il faut effectivement accorder ces deux points au contradicteur, mais en prêtant bien attention à ceci : de telles conséquences ne sont pas tant des effets indésirables de décisions insuffisamment réfléchies que les conséquences inévitablement substantielles d'une morale procédurale. Privatiser l'avortement est en effet une décision à haute teneur substantielle, puisqu'elle « décommunautarise » la définition du respectable, entérinant par là une forme d'atomisation ou d'insularisation du droit. Mais *c'est la pluralisation des aspirations prétendant à reconnaissance qui impose la procéduralisation de la morale* ; face à cette pluralisation, la seule alternative à la procéduralisation serait d'*imposer* les normes du respect – attitude au mieux paternaliste, au pire autoritaire. Or, c'est précisément ce que n'admet plus comme normativement satisfaisant une raison pratique placée sous le signe de ladite pluralisation. Cette conséquence substantielle est donc effectivement le prix à payer par la raison pratique dans une situation dite postmétaphysique – mais il faut savoir que la seule alternative qu'on puisse lui opposer, si elle satisferait bien à la conception traditionnelle et substantielle de la morale, est en fait incapable de prendre en compte ce qui précisément sollicite le plus une raison pratique pluralisée dans ses exigences normatives.

Mais d'autre part, s'il est vrai qu'une telle privatisation pourrait avoir des conséquences dommageables au regard par exemple de la survie de l'espèce, on devrait dire ceci : la dénatalité de l'espèce deviendrait un argument empirique décisif pour que l'on considère qu'il y a un intérêt collectif dépassant les intérêts individuels, et donc pour modifier en conséquence la règle de la privatisation de l'avortement. Ce serait là une bonne raison pour stabiliser au niveau du droit cette nouvelle situation mondiale ou communautaire, en interdisant l'avortement moyennant exceptions concertées. Autrement dit, si une morale procédurale comporte des conséquences inévitablement substantielles, aucune de ces conséquences n'est en tant que telle inévitable : il est toujours loisible de modifier une règle procédurale en fonction de telle ou telle de ses conséquences substantielles, étant entendu qu'on ne saurait jamais remplacer une conséquence substantielle que par une autre. La stabilisation d'une nouvelle règle procédurale sous la forme du droit devrait naturellement elle aussi satisfaire aux conditions d'une juste médiation, ce qui veut dire que les instances législatrices devraient idéalement faire droit – pour assurer la validité de la règle – aux aspirations de tous les concernés, moyennant les institutions adéquates. La faisabilité d'une telle démarche est un problème empirique sérieux nécessitant une réflexion spécifique – mais tels devraient être en tout cas les principes normatifs régissant la juste régulation portant sur le problème de l'avortement en particulier, et sur tout litige à incidence normative en général.

La pointe de la morale de la médiation consiste donc à définir la normativité d'une règle en fonction de l'aire d'intersubjectivité concrète au sein de laquelle les concernés peuvent faire valoir leurs aspirations, qui elles-mêmes renvoient à cette parcelle d'identité que définissent ces aspirations. Toutes les aspirations n'ont naturellement pas le même poids normatif ; et même si ce poids ne peut être défini *a priori* en fonction de critères préexistants, mais doit à chaque fois être évalué au sein d'une procédure de médiation, tous les concernés ne le sont pas au même titre. On peut toutefois, sans préjuger du contenu même des aspirations, établir une certaine pondération entre celles-ci, selon un principe de répartition des concernés. Sont les premiers concernés par une règle ceux qui sont directement touchés dans leur liberté d'action, sans qu'il faille d'ailleurs présupposer pour cela un concept négatif de liberté : l'entrave à l'action ne doit pas nécessairement être comprise privativement comme une entrave à une liberté subjective inaliénable, mais peut et doit l'être comme ce qui résulte de l'adoption d'une nouvelle règle, avec tout ce que celle-ci comporte, d'un point de vue normatif, de médiation intersubjective. La liberté n'est pas un pur en-soi dont on dispose abstraitement, elle ne prend sens que dans un tissu de règles qui la définissent ; contre le modèle de la liberté négative et la théorie des droits subjectifs donnés ou inaliénables qui lui est concomitante, il faut dire que la liberté est un concept de part en part intersubjectif. Si le premier cercle des concernés se définit par ceux qui sont directement touchés dans leur sphère d'action, le deuxième rassemble ceux qui le sont indirectement, au titre de ce qu'une règle adoptée peut avoir pour eux de conséquences et d'effets secondaires. Pour l'illustrer de manière certes schématique mais néanmoins suggestive, on peut dire que dans le cas de l'avortement, font partie des premiers concernés les parents, et, au tout premier chef, la mère à qui incombe la décision ultime ; du deuxième, le cercle familial ou intime, qui pourra ou ne pourra pas, voudra ou ne voudra pas accepter l'enfant à venir et la partie des charges qui pourraient lui incomber. Ce cercle ne fait que subir une décision qui n'est pas la sienne, mais on voit bien que son attitude peut être déterminante pour la décision de la future mère (si elle est irrévocablement rejetée de sa famille parce qu'elle est fille mère, cela influence directement sa propre décision, en même temps que cela définit plus concrètement ce qu'on peut raisonnablement lui imputer). Enfin, font partie de cercles au poids normatif dégressif tous ceux qui, à un titre ou à un autre, ont des arguments ou des aspirations à faire valoir, sans qu'eux-mêmes soient directement ou indirectement touchés dans leur sphère d'action par la décision prise : le médecin, qui est en possession d'informations qui contribuent à une prise de décision responsable, puis, répartis en quelque sorte sur des cercles concentriques d'éloignement croissant, tous ceux qui ont à faire valoir des éléments dont ils jugent qu'ils peuvent servir à éclairer les aspirations en présence d'une lumière nouvelle. Le poids normatif de ces éléments peut évidemment varier de situation en situation, puisque selon le contexte, un prélat peut avoir plus d'importance que l'autorité scientifique. Mais quoi qu'il en soit des situations concrètes possibles, il reste que tous les concernés ne le sont pas au même titre ni, pour ainsi dire, à la même intensité, sans toutefois qu'il soit possible de déterminer *a priori* l'ordre hiérarchique de cette gradation, qui ne peut être établie que de l'intérieur de la procédure ; mais le critère de hiérarchisation, lui, peut être fixé selon cette logique des cercles concentriques qui s'échelonnent autour d'un noyau constitué par ceux qui sont ou seraient directement touchés dans leur sphère d'action.

Il ne faut toutefois pas exagérer la nécessité d'une détermination scrupuleuse des conditions dans lesquelles se déroule ou doit se dérouler une juste procédure de résolution de conflit. Ce serait faire preuve d'un intellectualisme déplacé ou de vain formalisme juridique que de vouloir statuer de manière détaillée sur les conditions d'une telle procédure ; car c'est à chaque fois *de l'intérieur* de la procédure et par les concernés eux-mêmes que se décide ce qui peut valoir au titre d'aspirations recevables ou non, et que se juge l'intensité des revendications en présence. Ces questions se résolvent empiriquement plus aisément qu'un préjugé théoriciste ne le laisse croire ; tous les témoignages (à propos des comités de bioéthique par exemple) s'accordent à dire que l'entente substantielle est plus facile à trouver en fait qu'à justifier ou fonder en théorie. S'il ne faut évidemment pas dramatiser cet état de fait jusqu'à en faire le pivot d'un anti-intellectualisme moral, il faut néanmoins en tenir compte pour rabattre les prétentions d'une sorte d'exhaustivisme casuistique qui voudrait parer à toutes les situations envisageables, ou qui ne considéreraient la moralité garantie que si la diversité des cas possibles était suffisamment subsumée par une codification fixée à l'avance. Mais c'est là évidemment une illusion théoriciste qu'il faut dénoncer, et à laquelle la situation même de la raison pratique aujourd'hui ne permet plus raisonnablement d'en appeler. Une fois stabilisées les conditions procédurales d'une décision juste, il revient aux concernés eux-mêmes d'assumer la responsabilité morale qui leur échoit. Ce n'est pas tant là l'aveu d'un déficit théorique ni une défausse devant des problèmes pratiques décidément trop complexes, que la conséquence d'une théorie qui se borne à la délimitation procédurale de ce qui, au regard des concernés eux-mêmes, peut valoir comme valide. Ce qui importe en revanche à la théorie, c'est de montrer que ces conditions procédurales changent la *qualité morale* d'une décision prise, quelle qu'elle soit ; car aussi imparfaites que soient les conditions réelles de la procédure de médiation en regard de l'idéal de normativité satisfaite qu'elle recèle, chacun voit bien, ne serait-ce qu'intuitivement, que c'est *tout autre chose* de prendre une décision *à la suite* d'une procédure de médiation, aussi parcellaire voire inchoative soit-elle, que de la prendre dans le for solitaire d'un esprit souverain. Sans entrer dans des considérations psychologiques soulignant l'impact positif de décisions (par exemple médicales) prises en commun – considérations qui vaudraient par conséquent comme corroboration de l'efficacité empirique de la médiation –, il faut dire d'un point de vue normatif que les procédures de médiation visant à valider les règles représentent la prise en compte concrète de ce qu'est la normativité de la règle : car si celle-ci se définit comme cette part d'accord intersubjectif que recèle toute règle, alors il n'est que conséquent de vouloir légitimer de nouveau une règle devenue litigieuse par une procédure de médiation intersubjective.

À l'irrépressible pluralisation des aspirations qui menace jusqu'à l'unité de la raison pratique aujourd'hui, la morale de la médiation répond par une radicale procéduralisation de celle-ci, seule capable de maintenir une exigence d'universalité sans réduire *a priori* la complexité des questions qui s'imposent à elle. Constituer un point de vue moral sur les seules bases endogènes de la normativité que recèle la règle litigieuse elle-même, refuser donc que la légitimité d'une norme provienne *a priori* de sa conformité à une vision morale du monde, et traduire cette exigence dans les termes de procédures intersubjectives – tels sont les jalons essentiels d'une morale qui se veut à la hauteur des défis qui s'imposent à la raison pratique, la morale de la médiation.

« HUMANITÉS »

Collection dirigée par Jean-Marc Ferry

La tradition ne manque pas de « grands textes » s'accommodant de petits formats. Dans la concision s'exprime encore la discipline pédagogique de ceux qui ont quelque chose à faire comprendre. La collection « Humanités » a pour objet de susciter des interventions relativement brèves, denses, dans les divers domaines de la philosophie et des sciences humaines. L'accès en traduction à des travaux étrangers sera également favorisé afin d'ouvrir plus activement la discussion française à des débats théoriques contemporains dont l'enjeu est le plus souvent éclipsé par l'avant-scène de fausses actualités.

Deux soucis justifient la collection : assurer efficacement auprès de ses lecteurs une information culturelle décloisonnée, pluraliste et vivante, mais aussi loyale et sans complaisance, où la clarté objective est préférée à l'apparente facilité : offrir à ses auteurs une occasion de mettre leur pensée en forme et au clair, sans trop s'embarrasser de conventions rhétoriques ou de modes intellectuelles. Tout en s'attachant à couvrir un large éventail d'intérêts, « Humanités » doit fournir un outil de recherche aux étudiants, doctorants et enseignants, qui pourront y trouver aussi un lieu pour la publication de leurs travaux.

Collection

HUMANITÉS

Jean-Marc FERRY, *Philosophie de la communication*, t. I. *De l'antinomie de la vérité à la fondation ultime de la raison.*

Charles TAYLOR, *Le malaise de la modernité.*

Eric VŒGELIN, *Les religions politiques.* Préface de Jacob Schmutz.

Jacques LENOBLE, *Droit et Communication. La transformation du droit contemporain.*

Jean-Marc FERRY, *Philosophie de la communication*, t. 2. *Justice politique et démocratie procédurale.*

Karl Otto APEL, *Éthique de la discussion.*

Jean-Marc FERRY, *L'Allocation universelle. Pour un revenu de citoyenneté.*

Remo BODEI, *Le Prix de la liberté. Aux origines de la hiérarchie sociale chez Hegel.* Traduit de l'italien par Nicola Giovannini.

Nathalie ZACCAÏ-REYNERS, *Le Monde de la vie*, t. I. *Dilthey et Husserl.*

Philippe VAN PARIJS, *Sauver la solidarité.*

Marc HUNYADI, *La Vertu du conflit. Pour une morale de la médiation.*

Table des matières

Avant-propos 7

1. La force éclairante du conflit 9

2. Pragmatique de la médiation 33
Nature des règles 34
La source de la normativité de la règle 50
Le cas des règles essentiellement constitutives 54
Le cas des règles praxiques 59
Le cas des règles techniques 63
Le cas des règles essentiellement prescriptives 65
Le cas des règles essentiellement impératives et des règles catégorielles 74

3. Le principe de médiation 85

Achevé d'imprimer en septembre 1995
dans les ateliers de Normandie Roto Impression s.a.
à Lonrai (Orne)
N° d'édition : 10013
N° d'impression : I5-0713

Dépôt légal : septembre 1995